逆风飞扬

成长型组织建设与领导力发展

鲍明刚　著

SPM 南方传媒 | 广东经济出版社

·广州·

图书在版编目（CIP）数据

逆风飞扬：成长型组织建设与领导力发展 / 鲍明刚著．—广州：广东经济出版社，2023.8

ISBN 978-7-5454-8842-5

Ⅰ.①逆… Ⅱ.①鲍… Ⅲ.①企业管理—研究 Ⅳ.① F272

中国国家版本馆 CIP 数据核字（2023）第 092872 号

责任编辑：周伊凌
责任技编：陆俊帆

逆风飞扬：成长型组织建设与领导力发展
NIFENG FEIYANG:CHENGZHANGXING ZUZHI JIANSHE YU LINGDAOLI FAZHAN

出版发行：广东经济出版社（广州市水荫路 11 号 11 ～ 12 楼）
印　　刷：广州小明数码印刷有限公司
（广州市天河区高普路 83 号 B 栋 C5 号）

开　　本：730 毫米 ×1020 毫米　1/16
印　　张：10.5
版　　次：2023 年 8 月第 1 版
印　　次：2023 年 8 月第 1 次
书　　号：ISBN 978-7-5454-8842-5
字　　数：150 千字
定　　价：68.00 元

发行电话：（020）87393830
编辑邮箱：gdjjcbstg@163.com
广东经济出版社常年法律顾问：胡志海律师
法务电话：（020）37603025
如发现印装质量问题，请与本社联系，本社负责调换。

序言

本书的目标读者不是理论研究人员，而是现实中的企业领导者。本书以经典的权威研究理论为基础依据，尽量避免使用专业的术语和词汇，用企业领导者更容易理解的通俗性语言进行描述，侧重于指导实践工作者提升企业领导能力。

本书中的观点，融合了作者从事管理研究、管理咨询以及在一线企业实践中的实证、观察、体验三个方面的经验。笔者撰写本书是希望能帮助中国的企业领导者，尤其是创业企业和中小企业的领导者带领企业持续健康发展，延长中国中小微企业的寿命，提升企业家整体素质，充分发挥企业家才能，充分实现企业家的自我价值，为社会进步、经济增长做出贡献。

本书的内容分为六个章节。这六个章节每一篇都可以单独用于学习和应用。而且为了方便企业领导者利用碎片化时间阅读，本书采用了短章节的形式。

在第一章，本书阐释了管理学的研究及其在实践中面临的挑战，对理论不感兴趣的读者可以跳过这一部分。

在第二章，本书分析了两组对比企业案例的发展脉络与历程，通过对这两组企业的发展路径的思考，探寻相同环境下不同企业出现不同演进路线的偶然因素和规律性原因。

在第二章列举案例的基础上，本书在第三章对成长进化型组织理论及其实践意义进行了介绍，重点分析了企业生命力衰减的原因，并提出了企业生命力公式。本书各章的内容看似松散，实则都以企业生命力公式为主线展开，希望读者在阅读各个章节的时候能够将这个公式印在脑海中。

企业核心领导者是企业成长的第一原动力，也是决定企业成长的天花板的关键因素，企业成长力竞争的本质是企业领导者的成长力的竞争，有些企业领导者的起点较高但成长力弱，最终被那些起点不高但成长力强的企业领导者超越。因此，在第四、第五章，本书重点围绕领导力发展，对企业领导者领导力的发展中常见的问题，提出了一些警示和建议，并针对实践中经常出现的领导者决策失误问题，重点对企业领导者在动态复杂环境下的决策能力提升进行了阐述，以期帮助企业领导者在企业成长的过程中不断提高个人领导力水平、不断成长，从而具备担负更大责任、创造更大价值的能力。

在最后一章，本书对与组织的管理机制相关的议题进行了阐述，重点针对实践中那些阻碍企业成长、进步的制度设计中常见的误区和问题，分别从愿景使命、价值观、绩效、激励、选人用人等角度进行了分析阐述。如果说前面五章具有形而上的成分，那么这一章便落地到企业的具体管理实践中。很多领导者已经意识到企业存在问题，但是在企业管理落地中却找不到抓手。本书针对这些常识，分析了企业领导者在企业具体管理实践中经常遇到的问题，包括领导者应该如何做战略管理，绩效管理为什么失败，为什么工资成本越高但激励效果越差、如何搭班子等。基于第一章的常识，我们会发现大多数企业在做着违反基本常识的实践，企业难以实现持续健康发展、过早地遇到发展瓶颈、团队“同床异梦”等现象也就不足为怪了。

目录

第四章　成长进化型组织的领导力发展

第五章　成长进化中的有效决策

第一章 管理学在企业实践中应用的困境

在众多学科之中，管理学可以说是流派最多的学科，也是包含对立和相互矛盾的原理原则最多的学科。在管理学中，我们看到一个方法或建议后，总能看到另一条与之相反的意见或建议。中国优秀的企业高层领导者大多是成功后才去学习管理学，而非学习管理学后获得了管理上的成功。本章将从全球管理学和中国管理学两个角度，对管理学在企业实践中应用的困境做简要的分析。

第一节

西方管理学理论及其发展的回顾

关于企业管理学的比较正式的研究可追溯至20世纪初，早期的管理学家大多是实践者而非专门的研究人员，他们致力于打造优秀企业，并不断探索管理的方法。早期的古典管理理论包括科学管理和一般管理理论。泰罗和吉尔布雷斯夫妇、亨利·福特都是科学管理的代表人物，泰罗是机械工程师，吉尔布雷斯夫妇是承包商，亨利·福特是福特汽车的创始人。科学管理学派重点关注如何提高工人的生产效率，其研究对于生产制造业等劳动密集型企业具有非常重要的影响。他们研究劳动者的方法就像研究机器，对人性的考虑较少，在当今专业人员、知识分子密集的企业，在强调基于客户和市场的创新型组织中，其适用性面临很大挑战。

一般管理理论的代表人物之一是法约尔，他同样也是一位实践者，曾经是一家煤矿公司的总经理，他在学术研究方面的贡献是总结出14条管理原则。另外一位代表人物是马克斯·韦伯，他提出的“官僚行政组织”至今仍然受到很多大型组织的青睐，但已经不如在20世纪时那般流行。一般管理理论对人本身的重视和研究不够，更多的是将组织当作一种生产资料，是组织的一个器官，官僚行政组织在提高组织效率的同时，也制造出更多的层级间的隔阂、矛盾与对抗。

一般管理理论出现之后，人们开始关注人的行为背后的动力机制，尝试研究组织行为学方法，开始重视研究激励、领导、建立信任、工作团队、管理冲突等，欧文、芒斯特伯格等是其代表人物。著名的霍桑实验就是在这个时期进行的。目前，组织行为方法在学术界仍然广受青睐，其研究结论也被广泛应用于领导力和管理人员的培训中，但是这一方法同样存在问题，其和企业绩效表现之间的关系并没有得到真正有效的检验，一些旨在改善员工行为态度的方法往往只能起到锦上添花的作用。

为什么古典管理理论和组织行为理论没能打造出预期的优秀企业？当代比较著名的管理理论将问题的边界范围进行了两个方面的推进，一方面是系统方法，学习型组织是其中的代表之一，其强调系统的作用和影响，认为企业本身是大系统的一个子系统。系统方法提出了新的视角，给出了一些方法，但是学习型组织的热潮下鲜少形成真正的学习型组织。另一方面是权变方法或情境方法，其增加了对情境变量的影响的分析。权变和情境的方法，解释了为什么过去的经典方法会无效，这类方法对情境进行细分，提高了复杂程度，在理论上更加完善，但在实践中对领导者提出更大的挑战，即便在细分的情境中，其有效性仍然需要实践的检验。

在对管理学的发展具有重要影响的人物中，还有两位不得不提的人，一个是决策理论学派的西蒙，他在经济学、管理学和计算机科学领域均建树颇丰，西蒙将决策作为理解管理行为的独特视角，创造了决策理论学派。另外一位是德鲁克。德鲁克通常被认为属于经验主义学派，他认为管理科学应该能够从企业管理实际出发，以大企业的管理经验为主要研究对象，将其概括和理论化，其众多管理思想在当今时代仍然具有非常重要的价值，他也是影响本书作者最深的管理学者之一。德鲁克和西蒙的管理思想中，除决策外，一个重要的重叠部分就是目标。“目标”这两个字，也许是管理学与管理实践领域交集最多的一个词，本书正是从目标系统入手，探索管理学与管理实践的整合与二者的相互推动。

第二节

中国管理学研究及其困境

中国管理学流派众多，大致可以分为三大类。

第一类，这类人员强调管理的科学性，但是与现代管理科学学派的路线完全不同。这类管理学流派与现代管理科学学派的共同特点是强调定量性，强调研究方法的严谨性、可验证性，强调数据、模型，强调研究的规范性；最大的区别在于研究的问题不同。现代管理科学学派强调利用统计学、运筹学、最优化理论、信息模型、计算机模拟及其他量化方法进行管理，例如六西格玛管理、精益管理等，而中国当前的这类研究最大的现实困境在于其研究内容中约80%对企业实践几乎没有独特贡献，因为实践者几乎很少阅读那些所谓专业论文，在教育评价体系出现问题的情况下，学院派专业研究人员热衷于利用数据模型方法发现一些与众不同的结论，但实践人员对这些研究根本不知所云，而当知其所云之后，又不知道这些内容的实际意义和价值。研究人员将在所谓高等级学术期刊中发表文章作为目标，他们对于研究的问题是否被实践者认可或能否通过实践检验不再关心，他们关心期刊的等级、期刊被引用的情况、期刊发文能够获得多少绩效得分，更多地关注期刊的要求、所在教育机构的要求，这也导致他们研究的内容很多并非实践中的真实问题。在很多以企业为对象的实证模型的定量研究中，一半以上的方法几乎无法复制，其结果无法重现，由于很难完全约束相同的外部条件变量，其重现本身也具有极大难度。事实上，管理中最重要的问题几乎从未得到真正有效解决，但研究人员可能因为这些问题太老而不屑一顾。

第二类，这类人员属于专业人士，在实践领域更多的是以专家的身份出现，但是他们没有受过扎实的科学研究训练，他们的科学研究功底相对薄弱，更多的是从实践观察、思想、理念角度及现有知识再加工角度出发。由于企业中的难题、痛点没有得到解决，企业现实性的需要解决的方法、对解决问题病症的“药”有需求，于是出现了这类专家的市场空间。他们的思想、见解对实践者往往更有吸引力，更具启发性，对于企业实践的影响大于第一类。但是由于缺乏科学研究的扎实训练，其理论虽具创新性且联系现实重大问题，但往往经不起时间的检验，一波又一波的“明星专家”涌现出来，然后又被后浪淹没在沙滩上。由于其观点、理论在短期内无法被检验又紧跟热点，其身上的博士学位等光环就显得特别重要，在某种意义上，实践者因为他们的光环而信任他们，对于他们对现实实践热点问题的与众不同的看法，实践者并不知道是否正确，但因为之前的方法无效、学院派的大量新论文新成果也无效，实践者就更容易相信他们。但时间会证明一切，待潮水退去，会现出许多裸泳者。

第三类，这类人员多是来自管理顾问公司或者大型企业的内部专家，他们有专业的教育背景、丰富的实践经历，他们更倾向于解决企业具体问题，其优势在于实践应用，这类人员更受实践者青睐，尤其是那些希望能够找到可直接拿来使用的工具的实践者。他们提高了企业在解决管理问题时设计工具、方法的效率，但是对于有效解决企业实践中的问题还存在很多不足，模仿照搬的工具、方法，其有效性往往与企业的战略、文化、人员、技术、产业等多种因素有关，而所有的管理工具和方法最终需要将企业整合为一个有机的整体，单独的工具性改进，往往收效甚微，甚至会制造出更多的矛盾和冲突，特别是在绩效管理、薪酬激励领域。

管理学之所以复杂且充满挑战，是因为其可预测性往往很低，大多是事后总结所谓规律，而这种规律在未来的可延续性往往有很大的不确定性。以优秀企业家为代表的企业领导者的创新精神、企业家精神，往往就是把常人心中的不可能变成可能。研究人员的概率思维在优秀企业家中也不适用，有些企业家就是要将所谓小概率事件创造出来，他们不是不做大概率的事情，而是更愿意做难而正确的事情，所以从成败角度来看，他们遭遇的坎坷和挫折的数量可能远超普通企业。

管理学的另外一个挑战在于优秀企业的成功管理经验往往是难以复制的，优秀企业核心竞争力的形成是诸多因素影响的结果，不同的时代、不同的环境、不同的人、不同的市场塑造了不同的企业，而从优秀企业中总结出来的规律和经验，如果不经过时间和实践检验，就很容易导致基本归因错误，这是管理学面临的巨大挑战，也是管理学需要不断发展的原因。

本书的目标读者主要是实践者，因此，笔者尝试以实践者的语言去进行描述，且只采用实践检验过且没有证伪的重要原理。即便如此，本书也需要基于一些既定的前提和假设，其中一个重要的前提和假设就是，企业最高领导者希望企业能够越做越好，并且企业领导者同时扮演“人”和“组织”这两重角色，既追求企业成功，也追求个人的幸福与自我实现。本书会将企业高层领导者的生命意义与幸福感作为重要的变量，而非只将企业高层领导者看作冷血、没有感情和精神需要的赚钱机器。

对当前的管理学发展进行批判并非撰写本书的目的，本书旨在更好地架起管理学与企业实践者的桥梁，推动管理学作为一门应用的科学与实践的艺术更好地服务于现实社会发展，助力解决现实问题，尤其是那些持续存在而尚未被妥善解决的问题。

第二章

两组对比企业案例的启示

本章将针对两组对比企业案例进行简单分析，并结合管理理论研究，探索企业成长与发展的规律。

第一节

慧聪网与阿里巴巴的发展路径与脉络

我们将通过各自官网的数据，来简单对比一下慧聪网与阿里巴巴曾经的历史。之所以使用官网数据，一是保证客观性，二是官网展示能直接体现企业所重视和希望传递的重要内容。

2000年，郭凡生看到互联网创业的商机，及时上线慧聪网，把建立在杂志上的商业模式搬到网络上，慧聪网成为中国第一家做B2B生意的网站，很快包揽了当时国内大部分电子商务服务，郭凡生也因此被称为“中国电商的鼻祖”。2003年12月，慧聪网在香港上市，成为中国最早的B2B电子商务上市公司，公司市值超过100亿港元。

2004年，慧聪网与腾讯联合推出买卖通IM。

2009年，慧聪网获得ISO认证。

2010年，慧聪网获得“电子商务服务平台重点企业”称号。

2015年，慧聪网内部孵化“买化塑”，收购中关村在线。

2018年，慧聪网布局产业互联网，成为腾讯转型产业互联网的战略合作伙伴。

2019年，慧聪网成立科技新零售、智慧产业、平台与企业服务事业群，与百度、腾讯、小米展开合作，签约落户广东惠州，举办产业互联网峰会。

2020年，慧聪网进军“智慧城市”，携手360上线“慧优采”。

2021年8月后，慧聪网官网无其他重大事件发布，但2022年8月24日，北京慧聪叁陆零科技有限公司发出通知称“公司目前经营困难，将于25日开始停止运营，公司全员停工待岗并关闭办公区”。

阿里巴巴集团由曾担任英语教师的马云与其他来自不同行业的伙伴共18人于1999年在中国杭州创立。从一开始，所有创始人就深信互联网能够创造公平的市场环境，让小企业通过创新与科技拓展业务，并更有效地参与中国及国际市场竞争。自推出让中国中小企业接触全球买家的首个网站“淘宝”以来，阿里巴巴集团不断成长，成为一个涵盖中国商业、国际商业、本地生活服务、物流信息、云储存、数字媒体及娱乐、创新业务等的生态体系。

1999年9月，在马云的带领下，18位创始人在杭州的一所公寓中正式成立了阿里巴巴公司，其首个网站是英文全球批发贸易市场阿里巴巴。

2000年，阿里巴巴举办首届“西湖论剑”。

2001年，阿里巴巴确定集团使命并形成价值观体系“独孤九剑”，即全局思维与望闻问切、战略协同与面向未来、团队反思与面向过去、人才盘点与健身增肌、干部培养与管理三板斧、激励体系与快马加鞭、组织进化与通畅经络、文化打造与使命驱动、政委体系与赋能成长。其中，管理三板斧其实是“九板斧”，即基层三板斧、中层三板斧、高层三板斧。基层三板斧指招聘和解雇、建团队、拿结果，是任务的落地和执行层面，是从做事到做人的单一模块；中层三板斧指懂战略、搭班子、做导演，是从战略到执行的转化，是资源协调和整合的多模块组合；高层三板斧是指定战略、造土壤、断事用人，是定方向和做决定的层面，用于培养高层的组织能力和建立完善的体系。

2003年5月，购物网站“淘宝网”在马云的公寓内创立。

2004年，阿里巴巴举办网商大会，淘宝发布“阿里旺旺”，并确立了新的价值观体系，即“老六脉神剑”：客户第一、团队合作、拥抱变化、诚信、激情、敬业。

2007年1月9日，阿里巴巴集团在上海宣布旗下公司阿里软件正式成立。同月，阿里巴巴集团成立网络广告平台“阿里妈妈”。

2008年，淘宝商城上线。

2009年，阿里巴巴成立阿里云，并举办第一届双11全球购物狂欢节。

2010年，阿里巴巴推出聚划算、速卖通、手机淘宝客户端，天猫设立独立域名，并宣布将每年收入的0.3%作为环保基金。

2011年，天猫、聚划算独立分拆，并宣布成立阿里巴巴公益基金。

2012年，阿里巴巴联合三通一达合作创立菜鸟网络，启动“all-in无线”战略。

2014年，阿里巴巴推出天猫国际，投资高德地图，成立飞猪。

2015年，阿里巴巴推出钉钉，控股阿里健康，蚂蚁集团合资成立本地口碑平台，云栖大会召开，首个菜鸟驿站设立，并启动阿里巴巴创业基金。

2015年，盒马第一家店开业，控股Lazada，推出淘宝直播，设立四个全球数据中心。

2017年，阿里巴巴成立天猫淘宝海外版，设立全球顶尖科研项目阿里达摩院，宣布投入100亿元设立脱贫基金。

2018年，阿里巴巴控股饿了么，收购Daraz，倡议发起设立研究机构罗汉堂，启动88VIP全新会员计划。

2019年，阿里巴巴发起“Tech for Change”倡议，控股阿里影业，收购考拉网，并推出“新六脉神剑”：客户第一、员工第二、股东第三；因为简单，所以信任；唯一不变的是变化；今天的变化是明天最低的要求；此时此刻，非我莫属；认真生活，快乐工作。

2020年，阿里巴巴推出“淘宝特价”，启动2020春雷计划、讯犀数字工厂、小蛮驴。

2021年，阿里云启动数字亚洲加速计划，推出淘菜菜，发布自主研发芯片倚天710，并公布于2030年前自身实现碳中和。

2022年，阿里巴巴加入倡导低碳技术专利共享的国际平台，作出低碳专利共享承诺，免费开放9项关键数据中心低碳专利。

2022年，数据显示，阿里巴巴港股市值1.6万亿元左右，而慧聪网港股市值3.8亿元。

根据以上两个公司的发展脉络思考一下，慧聪网和阿里巴巴的发展路径有什么不同？想象一下，马云和郭凡生在类似的大环境与格局下，分别是如何做决策的？他们为什么会作出这样的决策？

第二节

中搜与百度的发展路径与脉络

除了电商领域的典型对比案例外，搜索引擎领域也有两个非常值得深入研究的案例，两个企业都以搜索引擎为核心业务产品，早期二者的行业地位相当，但目前发展状态出现巨大差别。这两家公司就是百度和中搜。

首先，我们看一下中搜的发展脉络。

2003年12月25日，“中国搜索”正式宣告成立。

2004年，中搜推出网络猪、桌面寻址。

2006年，中搜推出“个人门户”服务——IG（Internet Gateway）。

2007年，中搜与中国电信、网通、铁通结盟，共同为运营商提供客户端技术，并发布个人门户3.0版本。

2008年4月，中搜推出面向行业/企业的服务平台“行业中国”，成为提倡与传统企业合作经营互联网概念的商人平台，提供各项网站技术即运营解决方案；12月，中搜携手宁波市政府共同推出“中国行业网站总部基地”。

2009—2013年，中搜“行业中国”推出B2C、B2B两种不同网站技术和运营解决方案。

2013年，中搜发布移动战略，同时发布第三代搜索移动端产品“中搜搜悦”。

2013年，中搜登陆新三板，之后没有更多消息。

接下来，我们看一下百度公司的发展脉络。

2000年，百度成立。

2001年，百度推出独立搜索引擎。

2003年，百度推出图片搜索、新闻搜索，贴吧上线。

2005年，百度推出WAP搜索、百度知道、百度百科。

2007年，百度搜索改为“百度一下”。

2008年，启动创新阿拉丁模式、推出框计算概念。

2010年，百度成立爱奇艺，输入法上线，百度“凤巢”成功切换，发布未来三大愿景。

2011年，百度领跑云计算，“百度知道”合作平台上线，投资“去哪儿网”。

2012年，百度成立LBS事业部，向移动业务转型。

2013年，百度收购91无线，建立IDL（深度学习研究院），收购糯米。

2014年，百度投资Uber，百度地图市场份额持续提升，发布大数据引擎、百度钱包。

2015年，百度发起互联网保险公司、百信银行、启动航母计划，“度秘”亮相百度世界大会。

2016年，百度发布智慧汽车战略、云计算战略，“百金交”开业，推出“百家号”“百度大脑”，成立百度风投。

2017年，百度人工智能机器人提速，筹建中国深度学习技术及应用国家实验室、阿波罗驾驶平台，成立硅谷研发中心，量产无人车，主导建设自动驾驶国家人工智能开放创新平台。

2018年，百度成立智能生活事业群组（SLG），启用全新品牌“度小满”，发布首款自有品牌智能音箱“小度智能音箱”，全球首款L4级量产自动驾驶巴士“阿波罗”下线，发布好看视频App，升级“ABC智能云”业务战略，加速推进“云上百度”进程，智能云事业部（ACU）升级为智能云事业群组（ACG），搜索公司及各BG的运维、基础架构和集团级共享平台整合为基础技术体系（TG）。

2019年，搜索公司战略转型为移动生态事业群组，推出“百度智能云”品牌，“百度大脑”荣获中国电子学会科学技术奖科技进步奖一等奖，百度深度学习平台Paddle发布中文名“飞桨”，获得北京发布首批5张T4级别自动驾驶路测牌照，发布DuerOS 5.0、Apollo 5.0、百度大脑5.0，形成“搜索+信息流”“两大引擎和百家号+智能小程序”两大生态立体化布局，提出N.E.X.T.全链AI营销解决方案，发布小度在家智能屏X8。

2020年，百度开放在线问医生、AI开发者战疫守护计划、共度计划，开发口罩人脸识别模型，上线新冠肺炎智能自测工具，百度昆仑芯片为智能质检装上中国AI“芯”，推出有驾App，成立百度健康，收购掌阅，组建智能汽车公司。

中搜和百度都由技术型创业者创立，对比一下两个公司的发展路径与脉络，您觉得二者有何不同？为什么会出现不同的演化路径？

第三节

两组案例对比的启示

前述两组案例略有不同，前一组案例是以电商为主，创始人都不是技术人员出身；后一组案例中，两个创始人都是做搜索引擎的技术人员，都有很强的技术背景。造成两组案例中不同企业不同结局的原因是多方面的，其中不乏一些不可预测的偶然性因素，四位企业家——郭凡生、马云、李彦宏、陈沛都是非常值得尊敬的企业家。我们如果结合权威企业研究理论及对两组案例的分析，就可以得出一些有益的启示。

第一，相比于目前处于落后地位的两家企业，领先的两家企业具有更强大的探索新机会、创造新未来的驱动力，对市场、环境变化的反应更加敏锐，一方面创新探索推出新产品的速度非常快，另一方面对于市场检验出现问题的产品服务能够快速通过技术或模式创新修订，他们在某个产品取得成功之后，仍然会不断继续探索和开辟新的利润增长点，不断演化构筑自己的生态布局，而不会被过去成功的经验、路径束缚。两家优秀企业都具有对持续追求进步的更加专注的驱动力，具有更强烈的探索、创造、发现、希望、成功、改变和改进的驱动力，是一种深入企业核心领导者内心、几乎是与生俱来的原动力。这种驱动力是一种内部驱动力，不需要外部世界的提醒。

第二，领先企业的核心领导者，同时展现出自信和谦虚。自信使他们得以设定大胆的目标、做出勇敢和果断的行动，但他们同时又是自我否定和自我批判的高手。乔布斯有一句名言："Stay hungry，stay foolish。"即求知若饥，虚心若愚。四位企业家本身都非常优秀，郭凡生在30岁时就出版了5本专著、发表了近百篇论文，曾经被称为"家族企业管理大师与思想教父""电商教父"；陈沛也是中国著名的搜索引擎专家、第三代搜索引擎技术的主设计师，在1995年率先将人工智能技术引入中文搜索引擎领域。而两个领先企业的领导者（即马云、李彦宏）身上更多地体现出被称为"第五级领导力"的特质，即拥有坚定的信念，同时保持对自己能力局限性的警惕，保持一种客观上的自信和谦卑的平衡。最突出的表现是，他们能够聚合、重视发掘和利用比自己水平更高、能力更强的人才，他们自身已经非常卓越和优秀，但是他们清楚自己的能力和自己要做的事情之间的差距与不足，并且重视发掘、利用顶尖水平的人才，能够不断打破和超越自我能力的局限、借助组织力量拓宽自己的能力边界与范围。

第三，领先企业具有更强的聚合力，他们能够包容拥有不同价值观、不同优势特长的顶尖人才，同时深知优秀人才也会存在很多问题和不足，他们并不回避而是努力通过组织的力量去避免人才的短板成为影响其发挥优势的障碍。这些企业重视内部培养和外部选拔相互结合。在常规职能部门，只有长时间浸淫在公司、核心价值观与企业高度匹配的人才能升到高层。对于企业发展所不可或缺的顶尖人才，他们会从外部选拔并委以重任，在发挥他们的长处的同时包容他们的不足，并努力通过组织的力量去补齐他们的短板。领先企业的聚合力并不是在温和舒适的环境中获得的，相反，他们对员工的要求通常比其他公司更加严格，但这种严格并非出于宽泛的领导者个人喜好，而是基于公司的目标体系与核心价值理念，他们会将绩效贡献不达标、与企业核心理念不一致的人才淘汰出局，持续打造优胜劣汰的人才管理机制。

第四，关于主动超越自我、追求高目标的使命、愿景与核心理念，保持核心优势产品服务的同时不断刺激进步。领先的企业不仅善于保持自己的核心，还能够同时不断刺激进步，他们并不寻求保存核心和刺激进步之间的平衡，而是寻求同时具备崇高的理想和进步，其核心理念中融入了不断追求进步的驱动力。阿里巴巴极其重视使命、愿景和核心价值观，这种重视不是表面上的、形式上的，而是真正将其作为护航未来发展的重要保障。百度的企业文化没有阿里巴巴的知名度高、影响力大，更像是典型的硅谷工程师文化，但百度又具有出色的市场与客户营销能力，其中，百度竞价系统可以说是第一个利用大数据将产品服务价值评估权真正交给客户的产品。与阿里巴巴的“六脉神剑”不同，百度的核心价值观只有一条：简单、可依赖。其使命是通过科技让世界变得简单，这是顶尖技术人才所适应的环境，是顶尖技术人才容易激发的一种自我驱动力，也是客户需求中非常重要的两个点。乔布斯在给库克和拉里佩奇分享自己的“秘诀”的时候，也特别提到“简单”两个字。

领先的企业寻找持续不断、专注于追求自我改进的程序，其目标是越做越好，永远追求更好，这种“更好”不是在被外部环境逼迫时才做，而是主动进化演进，他们在发展的过程中会确定自己的竞争对手，但是绝对不会止步于战胜对手，也不会听人穿鼻，他们往往在战胜对手获得主动权后具有更多创新的动力和主动性，例如，阿里巴巴在中国市场打败易趣网、谷歌退出中国、百度稳居国内前列之后的表现都体现了这一特点。“胜人者有力，自胜者强。”马云曾经说自己拿着望远镜都找不到竞争对手在哪里，郭凡生回应说马云的望远镜或者眼睛有问题，要求马云道歉。马云在后来的采访中多次提到自己的竞争观念，一是自己要跑万米，当自己才跑到100米的时候你不知道跑到3000米时你的对手是谁；二是为什么要找对手，对手就在隔壁不用找，要找的是榜样。后来阿里巴巴把“今天的最好表现是明天的最低标准”写入核心价值观中，这与稻盛和夫提倡的“追求完美而非最好”在本质上是类似的。

领先的企业主动追求创新、尝试新事物，这种探索创新源于拥抱变化的文化和内在的创新驱动力，而不是环境所迫，他们不断尝试，并保留其中有效的部分、迅速舍弃无效的部分。落后的企业有时候也会探索和创新，但是他们往往在判断有效性上缓慢、迟钝，不愿意舍弃无效的尝试和验证，甚至领导者会执着于证明“我是对的，你们是错的”，从而做出错误判断，在错误的道路上不能快速调整和掉头，等到掉头为时已晚。这四家企业早期都看到并抓住了机会，但相对落后的两家企业身上展现出更多成功者陷阱的特征，即企业核心领导者逐步变得自大与傲慢，故步自封，对对手的无视，对趋势变化的漠视，在当时两家公司的官方网站资讯报道、公开媒体采访的相关报道中都可以看出。例如，2006年，央视《赢在中国》节目中，有个年轻人针对当时国内电商行业发表了自己的看法，他说：“我个人并不看好慧聪网，未来在这个行业只有阿里巴巴做得最好。等马云把雅虎整合好了之后，就会腾出手来打掉郭总（郭凡生，慧聪网的创始人）的，因为他已经把易趣给打败了。”年轻人说完后，全场哄堂大笑，慧聪网CEO郭凡生的笑声最大。已经功成名就的郭凡生很霸气地回应称：“我已经这么成功了，你都不相信我，你凭什么要他们信任你——一个比我还不成功的人！”在中搜国际的官网上曾经赫然放着批评百度的搜索技术已经落后的文章。当企业发展遇到问题的时候，落后的企业更多聚焦于自我和企业内部，往往更加关注问题而非机会，另外还表现出对利润的错误认知，在现金流充沛的时候要么过度忽视利润，要么过度看重利润。而两家领先的企业明显具有更外部的视角和未来视角，在挖掘客户需求和把握外部机会上更胜一筹：百度创造了客户决定价值的模式、阿里巴巴洞察到C端客户购买背后的心理需求和企业需求的不同。

第三章 成长进化型组织理论及其实践意义

雷军曾经说，站在风口上，猪都能飞起来；巴菲特也曾经说，只有当潮水退去时，你才会知道谁一直在裸泳。为什么有的组织能够跨越不同的经济周期，实现长期发展，而有的组织则在顺境时昙花一现、逆境时迅速陨落？是什么导致了不同企业的表现差异如此巨大？

第一节

为什么需要构筑持续增长的企业

与欧美企业相比，中国企业的寿命相对较短。有抽样调查显示，中国民营企业平均寿命仅有3.7年，中小民营企业平均寿命只有2.5年；而在美国与日本，中小企业的平均寿命分别为8.2年、12.5年。中国企业的平均寿命是7～9年，欧美企业的平均寿命为40年，日本企业的平均寿命为58年。

中国有一句古话，“学如逆水行舟，不进则退”。企业管理也如治学，如果不重视持续增长力的建设，其自然生长的结果就是迅速变老。企业早期的成功，往往一半源于创始人的眼光与胆魄，一半源于天时地利人和，但外部环境是不断变化的，“逝者如斯夫，不舍昼夜”。如果错误地将早期的成功全部归功于自身，往往会忽视环境，跟不上环境的变化。

有接近一半的企业在初创期便夭折，而存活下来的企业，如果环境往不利的方向发展，企业往往也会生存艰难，如果环境好，企业规模会逐步扩大，进入快速成长期。进入快速成长期的企业会经历一个从量变到质变的过程，而有些领导者往往觉察不到这种质变，犹如温水中的青蛙，沉溺于过去的思维模式和管理模式。

当企业规模很小的时候，人数不多，事情简单，管理也相对容易，但是每增加一个员工，企业内部的“关系”节点复杂程度就会呈指数型上升。当企业发展到一定规模后，每个员工都有各自不同的想法和目标，这些想法和目标既有交集，也有个人独特的需求，且经常会出现矛盾和冲突，有的重利，有的重名，有的重稳定，有的重感受，这时再依靠领导者个人的经验、直觉、个人精力、个人能力管理企业，就变得非常困难，这就是从量变到质变的过程。这就要求领导者前瞻性地转变管理方式，重新选择管理工具和管理手段。

有些领导者因为察觉不到这种变化而使企业刚有了点起色就逐步垮掉了，但是察觉到的领导者也不一定能够妥善应对，从而带领企业进行升级转变。就像时间久了，人会养成习惯一样，不仅领导者个人的思维模式、行为习惯会形成固定模式，企业内部的习惯、氛围、风格也会养成一种看不见的“习惯”，转变往往比预想的要困难得多。成长很重要，没有人不渴望成长，但是很多人在30岁左右基本上就达到了自己成长的顶峰，企业也类似，没有一家企业的领导者和员工不渴望自己的企业越来越好、越来越优秀，但是仅仅有少数企业能够持续不断做大做强。组织与个体相关研究表明，无论个人还是组织，都蕴含着巨大的成长潜力。

本书提出建设成长型组织，就是专门针对“成长力”建设，探索推动企业成长力的提升，摆脱“物壮则老”的宿命，不断将成功的经验与失败的教训转化为组织的“成长力”，建设基业长青的企业。

第二节

企业生命力公式

日本著名企业家稻盛和夫曾经提出过一个成功方程式，即成功=思维方式×热情×能力，其中，思维方式的取值范围为-100~100，热情为0~100，能力为0~100，三者共同决定了一个人做某件事情的最终结果。稻盛和夫的公式更多的是站在个体角度。本书从企业角度出发，结合卓越组织实践与权威组织学习与组织发展理论，提出进化型组织的生命力公式：

企业生命力=企业领导者个人成长力×组织聚合力×组织学习力×企业使命力。

企业生命力的第一个维度是企业领导者个人成长力。对于一个企业而言，其成长的核心首要因素是企业领导者个人成长力，企业领导者的高度、格局、境界直接影响到企业发展的天花板。优秀的企业领导者大多具有非常强的个人成长力，他们将大量的时间用于个人成长上，这种个人成长不仅仅是读书学习，还有通过多种方式超越和突破自我。他们每个人擅长的方式不同，但无一不是个人成长的典范，其中有的善于从知识中学习，有的善于从实践中学习，有的善于从他人身上学习。尽管方式不同，但优秀的企业领导者的个人成长力往往展现出以下六个共同特点。

第一个共同特点是，他们会设定比常人更高的标准和目标，并知道个人的局限性，他们深知不断提升和超越自我的重要性，不会沉溺于曾经带来成功的思维模式和习惯，不会狂妄自大和故步自封，有些领导者也许在公开场合会展现看似狂妄的姿态，背后却是比别人在学习成长方面付出更大的努力。

在个人成长力方面，卓越企业领导者的第二个共同特点是不断超越自我和开放的心态，同时善于内省。他们虽然有“会当凌绝顶，一览众山小”的居高感，但从未停止超越自己过去的内在动力，他们善于反思和内省，面对挫折、困难和挑战的时候，他们会比别人更加容易洞察到自我的问题与不足，能从内在自我的能动性角度去应对外部挑战与困难，他们通过改变自我来改变世界，而不是将希望寄托于外部环境的改变，他们虽然会顺势而为，但绝对不会只是环境的被动接受者，他们善于从自身的改变与突破的角度寻找转变的机会。

卓越企业领导者个人成长力的第三个共同特点是面向未来、重视机会，而非纠结过去的成就或过去的问题。卓越企业领导者关注的永远都是外部可能的机会，他们的思维是面向未来的，他们为应对未来的环境、抓住未来的机会、创造未来而不断适应和改变。

卓越企业领导者个人成长力的第四个共同特点是，面对挫折、失败的时候，他们更关注其中所蕴含的信号与反馈的意义，而不是短期得失，他们从失败和挫折中学习和突破自我，很多企业家将困难看作通往成功的阶梯，他们通过失败来不断积累经验、不断超越自我，他们不害怕也不拒绝失败，更不会被失败打倒。

卓越企业领导者个人成长力的第五个共同特点是极度理性与客观。那些打造卓越企业的领导者，他们具有高远的目标、坚定的信念，同时又保持着极度理性与客观的态度，他们以理性、客观为检验和判断正误的标准，而非个人的成见与喜好，他们通过改变和提升自我来逼近争取，而非忽视甚至扭曲现实来迎合自我的需要。

卓越企业领导者个人成长力的第六个共同特点是具有坚定的使命感与

责任感。打造卓越企业的领导者不仅极度理性和客观，他们在感性方面往往也具有坚定的使命感和责任感，这种使命感和责任感促使他们不断地超越自我，使得他们在大多数情况下不是从个人角度权衡得失，而更多地从一个更大范围的“大我”的角度去思考问题、作出决策。他们不仅打破个人智慧的边界而成长，更打破“自我价值”的边界来实现个人的全方位超越与成长，这往往使他们赢得更多的支持者、追随者，同时也更加容易洞察全局中的需求与机会。

企业生命力的第二个维度是组织聚合力。组织聚合力是指通过组织的力量使个体的力量得以放大的能力。更直观地讲，就是一群平凡的普通人通过组织做成某个不平凡的事情的能力。通常情况下，一个人之所以加入某个企业组织，是因为加入企业组织可以放大个人的力量，完成无法独自完成的事情，否则加入企业就不如个体单干更有利。但是一群人聚合在一起后，其合力并非天然地随着人数的增加而增加，而是随着规模的扩大，人与人之间的关系变得更加复杂，方向冲突、利益矛盾、角色冲突、关系冲突等往往也使得组织内耗成本增加。组织的聚合力使得新增加的每个人的贡献都是边际增加的，但在现实中，很多企业扩大到一定规模后，由于组织的聚合力难以应对管理复杂度增加带来的挑战，使得人心开始涣散，成本增加的同时，组织的整体效率、贡献并没有得到有效提升。

在企业实践中，很多企业领导者希望通过外部招聘某个特别出色的人才来实现某个目标，有些企业采取高薪从一些成功的领先企业“挖人”的方式，但大多数并未成功。关于人才，领导者必须面对的一个现实假设是：我们只能找到一群普通人，组织管理也应该基于这样的前提和假设，换句话说，我们不能寄希望于某个特别理想化的人才，而要寄希望于提升自身的组织聚合力，某个在卓越公司表现出色的人，换到处于成长早期的企业后的表现往往令人失望。事实上，是成功的企业塑造出成功的人才，而非成功的人才塑造出成功的企业。在成功的企业中能够成功的人才，到聚合力不足的企业中往往不再是成功的人才。对组织聚合力影响最大的几个方面有目标系统、使命系统、绩效系统、激励系统，关于这几个方面的核心要义和最容易犯的错误，后文将会提及。

企业生命力的第三个维度是组织学习力。现在很多企业倡导建立学习型组织，但是大多数学习型组织实践者往往进行的并不是真正的学习型组织建设，实际只是组织大家一起上课、读书、培训而已。提到真正的学习型组织或者组织学习力，有几个要点我们需要了解。首先，组织学习力的本质，是组织对环境中的未来趋势改变能够敏锐而准确洞察并迅速开发出与之匹配的能力、打破旧模式，而做出与新机会、新环境相匹配的行动反应的能力。一个企业中，员工们是否经常一起读书、一起听课、一起参加培训，都与组织学习力没有本质关系，一个经常组织员工听课、学习、培训的企业，恰恰可能是一个正在破坏组织学习力的组织，比如因为听课、培训而更加远离客户、远离市场、远离真正的需求，变得高高在上、玄而又玄，那么，这种培训和听课就与学习型组织毫无关系甚至背道而驰。同样，如果一个企业很少组织员工集中上课、学习，但是能够让一线炮火的声音、硝烟的味道最迅速、准确地传递到相应的决策枢纽，并且员工能快速、准确地做出反应，迅速洞察趋势的变化，打破不适应的旧模式、旧习惯，这样的组织真正具备组织学习力。本书各个章节中尽管没有特别指出，但几乎都与对趋势变化的洞察力、基于趋势变化的决策力、行动力有关。

企业生命力的第四个维度是企业使命力。企业使命力是一个最容易被忽视，但至关重要的能力。在实践中，企业家创办企业的目的和动机往往千差万别，有些企业的创办源于某种内在的使命与愿景，有些企业则只是基于当时的特殊情境与机遇而创办，并没有特别考虑长远的使命和愿景。事实上，在市场环境相对稳定的情况下，使命和愿景对第二类企业的影响往往不明显，因此也不容易引起重视。但是在下面两种情况下，使命和愿景的影响和力量会展现出来。第一种情况是企业家从创业之初内心就有一种要创造出宏伟未来的责任与动力、使命和愿景，使得这些企业家往往不会甘于平凡的企业表现，不断探索和创新超越过去的自我和已有的产业行业格局。第二种情况是在市场环境和趋势发生重大改变的时候。在市场环境与趋势发生改变，过去的趋势不再延续，过去能够让自己保持成功的东西不再能够延续成功、未来存在高度不确定性的情况下，使命和愿景就像暗夜中的北斗星，指引人们在做决策和调整方向的时候不偏离内心的航标，具有使命力的企业更加能够应对暗夜时刻、应对不确定性。

关于企业使命力，另外一个子维度是企业领导者的责任感，对于企业而言，这种责任感通常又涵盖三个基本方面：创造并实现客户价值、让员工有成就感、承担必要的社会责任，这三个基本方面，彼此相互独立，但又缺一不可，如一个三角凳的三只脚。创造并实现客户价值，意味着企业必须能够提供客户所需要、所认可并最终购买和实现的价值。让员工有成就感，说起来简单，却包含很深刻的哲理，即企业家和企业领导者的成功，以员工的成就感与成功为根基。承担必要的社会责任，其实是一种必要的边界条件，一个忽视社会责任的企业可能在短期内成功，但很难持续做大做强，只有承担社会责任的大型企业，才能够赢得外部环境的更多信赖与支持。

最后我们再回顾一下企业生命力公式，综合四个维度来理解其结构性含义。

企业生命力=企业领导者个人成长力×组织聚合力×组织学习力×企业使命力。

这四个维度相互独立而又相互影响，如果能够同频，就能发挥出巨大的共振力。这四个维度中，如果说企业使命力的取值范围是从0～100分，其他三个维度都可能是-100~100分，即可能出现负分。进化型组织的生命力开始衰退的迹象，就是某个维度的分数开始下降，乃至出现负分。一个维度出现负分，即意味着企业生命力开始下降。

当企业领导者个人成长力出现负分的时候，企业就会开始错过机会，频繁出现重大决策失误；当组织聚合力出现负分的时候，组织内部对抗能耗严重，彼此不是致力于创造客户价值而是内部的利益争夺和相互倾轧；当组织学习力出现负分的时候，组织变得僵化、封闭，沉溺于过去曾经成功的辉煌时刻而不能与时俱进，逐步被淘汰。

本书各个章节都与这个公式的四个维度有关系，其中涉及决策、目标、取舍的，大多与企业使命力、组织学习力有关；涉及目标、绩效、激励的，大多与组织学习力和组织聚合力有关；涉及领导力、选人用人的，大多与企业领导者个人成长力有关。书中也有很多内容与这四个维度同时具有相关性。

第三节

企业与个人的成长

自然界中有生命的物种总是在竭尽全力地生长，这种生长一旦停止，往往就是衰退或死亡的前兆。生长意味着要不断舍弃旧的自我中不再具有活力的、衰落过时的部分，同时又要保持核心部分的稳定与强健。例如蛇，蛇是一种生命力顽强的生物，蛇从一出生就开始脱皮，一生中会完成多次脱皮，一年蜕皮2～3次，每次蜕皮之后，蛇的体形就会变大，食量也会增加。当蛇体长大到一定程度时，就要把已角质化的皮肤蜕掉，重新长出外面的皮肤。又如蛋壳，形成蛋的过程中，如果没有蛋壳，就无法包裹住壳内的蛋清，但是蛋壳一旦形成、硬化，蛋的大小基本也就固定了。

在整个人类社会的大系统中，企业或个人的成长就像一个从一个点开始不断膨胀扩大的球，球越大，维持其存在就越需要相对稳定的结构，但是结构越是稳定，就越难以进一步改变和扩大，而一旦停止生长，能量循环就开始逐步走向衰落。如果要保持生长力，就需要不断打破原有的稳定结构，而维系存在又需要相对稳定的结构。稳定的力量与打破平衡的力量，形成一对矛盾，这对矛盾中蕴含了企业生长的几个重要规律。

第一，要保持核心部分的正确与稳定，刺激持续进步与变化。这两者对于保持企业长期发展都至关重要。核心部分的正确与稳定，有利于企业形成自己的独特优势、对环境独特的适应能力与价值创造模式，还会刺激持续变化与进步。这个世界并非静止不变的，不进即退。其中，所谓核心部分的“正确”，是一个相对的概念，它不是理念上的、思想中的，而是在行动中才能被检验出来的，且没有完全统一的标准。本书中有相当一部分内容也在致力于帮助广大读者以最小的代价、走最少的弯路找到自己的“正确”的核心部分。

第二，企业要想提升成长力，就需要在脚踏实地的同时，志存高远。那些长期保持生命活力的企业，往往不是一开始就有特别宏大的理想，甚至没有既定的高明的战略规划，他们的理想是在实践的探索中逐步找到的，越早找到越有利，不排除有些企业一开始时依靠宏伟的构想快速获得融资、资本支持，但如果把时间周期放长，这往往并非什么好事情，因为资本推动概念快速扩张的泡沫，最后也会因为根基不牢固而轰然倒塌。

第三，设立目标至关重要。目标应该是多元的，并以指标加以配合。目标也应面向未来、照亮当下。目标与空想的区别在于，其是否会影响和照亮今日脚下的路。具有高成长力的企业，往往不以追求最大利润为唯一目标，他们同时还具有其他更加具有内在激励性的、令人心动的目标。但有趣的是，他们在较长的时间周期内，往往比其他只追求高利润的企业获得的利润更多。

第四，关注机会，而非关注问题，裹足不前。就像在战场上一样，胆子越小的士兵可能越容易被对手消灭。那些长期保持成长力的企业，并非事事谨慎；相反，他们勇于投身于别人畏惧的目标。这些企业对风险敏锐但绝不害怕风险，懂得如何与风险共处，会洞察风险，而非回避风险。他们更喜欢做难而正确的事情，而非简单的事情。尤其是同行们看到问题的地方、畏惧的地方、不敢挑战的地方，他们往往能够将其转化为超越的机会。具有高成长力的企业也会犯错误，但很少犯致命性的错误，同时，他们又在挫折中保持核心部分的坚韧笃定。

第五，具有高成长力的企业关注人的成长，尤其是后备干部人才体系的成长。高成长力的企业通常不会寄希望于外部空降兵的力挽狂澜，他们知道，要在企业中做出绩效、创造未来，能力只是其中一个重要因素，与队友的优势互补与磨合、彼此的默契与共同坚守的信念更为重要，企业的成长建立在企业内部人员的成长基础之上，这种成长是全方位的成长，包括知识、技能、价值观念等。具有高成长力的企业更加倾向于先人后事，他们将“合适”的人才视为企业最重要的资产，重视聘用合适的人，也重视解聘不合适的人，并令合适的人发挥其优势与长处，各司其职。

第六，具有高成长力的企业关注的是超越自我、战胜自己，而非对手。具有高成长力的企业用更高的标准来检视自身的不足，且对自身的不足更加敏感，并将这种敏感快速转化为成长与适应能力。他们的目标不是比竞争对手更好，而是不断战胜和超越自我，他们不仅会问“如何比同行做得更好”，还会问“我们明天如何比今天更好”。就像赛场上的跑步运动员，他们不会被对手的节奏干扰，而会将注意力置于超越自我上，他们不将自己的标准、成功的希望寄托于对手降低标准、出现失误。当对手降低质量、漏洞频现的时候，他们不会因此降低自我标准，当对手来势汹汹、获得巨大进步的时候，他们也不会因此感到沮丧和畏惧，他们的目的不是跑过对手赢得第一，而是超越自己过去的最佳水平，不断开发与实现自身的更多创造可能和潜力价值。

第七，具有高成长力的企业懂得平衡的重要性，他们往往会追求鱼与熊掌兼得。如果你读过战略管理的课程，可能也曾被两种理论迷惑过，一种是多元化理论，强调不要把鸡蛋放在一个篮子里；另一种是聚焦理论，强调有舍才有得，强调选择该做的事情的重要性。但是，无论聚焦还是多元化，具有高成长力的企业都具有更强的平衡能力。他们如果选择多元化，就能集中优势资源实现关键点的突破，在多元中创造出独特的系统优势；如果选择聚焦，也仍然能关注和发现周边的机会。他们追求长期发展，也要求短期业绩；他们追求高利润，也要求承担社会责任与社会效益。

第八，具有高成长力的企业时刻警惕着组织的消极与懈怠，保持奋斗与挑战精神。在具有高成长力的企业中，企业往往对员工具有更加严格和高标准的要求，这种严格和高标准，不仅推动员工做出高绩效，而且推动员工成为更加优秀的人。对于同行认为不可能做到、轻易放弃的事情，员工能够付出更大的热情、努力去应对挑战。同时，具有高成长力的企业的领导者也是这方面的典范，领导者往往是员工的榜样，甚至是员工心目中的偶像。他们拒绝平庸，也不允许下级平庸。这种领导者的管理风格，往往使得一部分人不能适应而中途离场，但是并不会影响领导者坚持高标准与高要求。留下来的人往往更加习惯与适应这种高标准、高要求的工作，不会将这种高标准、高要求看成过分的、不公平的，而是认为“应该如此”。

第九，具有高成长力的企业倡导创新，并符合创新之道。具有高成长力的企业拥有鼓励创新的文化，他们鼓励尝试探索新的想法，而且重视创新的频率、速度，会鼓励员工“试一试”新的思路、想法、创意，他们愿意接受不可避免的错误，给员工提供所需的创新与发挥的空间，不会因为一些不可避免的错误而破坏创新的文化氛围，为了控制必要的风险，他们也许会建议采取小步快跑的方式，以保持风险可控，但绝对不会鼓励员工在原地踏步。这些企业不会拒绝因为创新探索而犯错误的员工，但是会拒绝虽然不犯错误但因循守旧、甘于平庸、裹足不前的员工。在这样的企业中，很少会出现不干事、不会创新的人因为犯错少反而获得提拔重用的情况。

第十，具有高成长力的企业喜欢做难而正确的事。具有高成长力的企业领导者不相信秘诀和奇迹、灵丹妙药，他们不寄希望于天上掉下馅饼，也不寄希望于某个灵丹妙药，他们知道难的事情需要更多的坚持、坚韧和自我的持续成长，且往往不能依赖于单一的、明确的行动和所谓战略计划，他们埋头苦干、扎实勤奋，他们不断坚持前行，积蓄势能，直到达到突破点，实现飞跃。

第十一，具有高成长力的企业领导者将企业利益而非个人利益放在第一位。高成长力本身也需要动力，企业领导者如果将个人利益放在第一位，就容易失去动力，尤其是当个人财富实现自由之后，也容易失去应有的洞察力，以及在取舍决策时会出现原则的混乱。具有高成长力的企业领导者胸怀大志，但是他们都将公司利益放在第一位，而不是个人的名利得失。在某种程度上，具有高成长力的领导者是无我的，但是正是这种无我成就了具有高成长力的企业，也成就了领导者更宏大的“自我”。由于将企业利益放在第一位，领导者能够更加清晰地看到自身的不足，更加警惕自己，因此他们往往能够更加清晰地看到差距并将其转化为推动企业变得更加优秀的机会。正因为将企业利益放在第一位，他们往往也拥有更加坚定的意志和信念，获得更大的内部支持与追随；因为更加无我，领导者能够不因个人喜好和感情因素而保留错误的业务、投资错误的项目或偏爱错误的人。当需要放下身段、放下自我高高在上的良好感觉的时候，领导者不会受个人颜面受损的影响。具有高成长力的企业领导者也更加重视“事实”而非“喜好”，更加重视和认真听取不同的声音、意见，洞察事实的真相。

第四节

企业的成长力衰减之谜

按照我们通常的经验，强者胜过弱者，少年壮于童年，换成企业，也就是随着企业创办时间增加，经验越来越丰富，关系越来越多，知道的人也越来越多，变得越来越强大。但是，现实实践似乎并非如此，很多企业刚起步时，充满活力、斗志，创始团队有干劲、有梦想，但只有极少数企业团队能将这种干劲和梦想持续坚持下去，从而壮大起来。

如果领导者不能刻意加以训练和建设，组织的增长力往往不会自动增加，至少在某个拐点之前是这样的。那么，企业没有因经验积累而日益强大，反而成长力衰减的原因何在？结合企业实践实证的研究分析及经典的管理智慧，下表列举了导致成长力衰减的因素，可供各位领导者参考。

表3-1　成长力衰减自评表

序号	现象	1分	2分	3分	4分	5分
1	对市场客户的声音开始直接听不到、听不清					
2	知道员工有不同的意见，但是都不向自己表达					
3	感到管理层之间难以交心					
4	时间似乎不属于自己，每天都疲于应付，需要在很短时间内处理很多事情					
5	很久没有直接接触客户了					
6	很久没有和一线员工直接进行双向的沟通交流					
7	曾经无话不说的“战友”，开始有些话当面不说，背后说					

续表

序号	现象	1分	2分	3分	4分	5分
8	感到压力很大，但员工却似乎仍然有很多时间怠工					
9	一起创业的团队成员开始越来越在乎个人的得失					
10	越来越感觉到没有可用之才					
11	很多事情只能自己亲力亲为					
12	很多精力浪费在解决眼前的问题上，几乎没有时间考虑长期发展问题					
13	部门之间的隔阂越来越深					
14	很少有人研究和关注外面的新技术、新产品、新政策					
15	员工变得越来越谨小慎微，害怕挑战和失败					
16	对未来感到迷茫、焦虑，却不知道如何应对					
17	大家对学习新知识、新技能没有多少兴趣					
18	很久没有和大家一起参加学习					
19	按部就班，很少思考比较困难和有挑战性的问题					
20	大家很少讨论共同的梦想和愿景					
总分						

不要想太多，根据您的直观感受填表。1分表示非常不符合，5分表示非常符合，勾选之后，计算得分。如果得分在60分以上，说明您的企业可能已经出现成长力衰减的前兆，您也可以据此设计一份问卷让员工匿名填写，看一下大家的判断与您的判断是否存在差别。

第五节

成长的支点与本质

亚里士多德说：“给我一个支点，我可以翘起地球。”构筑成长型组织也需要找到正确的关键支点。

领导者希望组织、团队持续成长，但成长只能从自我内心的突破开始。领导者的这种期望要成为现实，靠说教、宣传、培训或者发火都不行，这些都不能真正有效实现组织与团队的成长。

构筑成长型组织的关键支点就是“自我成长”。

实践中，领导者往往因为团队成长不够快而焦虑，其实这是很正常的现象，真正能够有效解决这一问题的领导者，才能持续保持组织的健康成长。但是很多领导者对这一问题往往束手无策，采取培训、换人等措施的效果都不理想。其背后的深层原因，往往忽略了关键支点。

持续推动组织成长，并享受成长的快乐，其关键支点是“自我成长”。成长型领导更加关注“我能做什么、我应该做什么”，而不会将焦点集中于团队的问题与不足，尽管他们清楚团队的局限性。对不完美的现状保持开放、客观与接纳的态度，在这个基础上，基于使命和目标，他们更加重视的问题是“我能做什么、我可以做什么、我该做什么”，在这一问题上，他们会关注自己在接下来的时间中，在可能的边界条件下，自己能够实际影响的“带宽”。人对环境的影响，领导者对他人成长的影响，往往是一个“带宽”，其上限是我们要做到的高目标，下限是我们必须保障的最低要求，上下限之间是我们主观能动性的发挥空间。成长型领导者在分析带宽的时候，往往相信“能力要用将来进行时”，他们不会基于过去的、现有的能力去设定这个带宽，而是相信“能力是可以提升的”“能力用将来时”，以此来突破过去的可能性的带宽上限。

实践中，很多表现平庸的领导者在这一方面往往采取截然相反的策略。一方面，他们不能接纳客观存在的现实和过去；另一方面，他们又不对尚可影响的未来进行积极主动的个人影响。对已经发生的保持接纳，不仅能够减轻焦虑、避免冲突，还能够让我们从已经发生且不能改变的事实中，洞察出其背后的真相与规律，只有接纳它们，才能看清它们，如果抱着排斥、抵触的心情，就很难真正全面洞察它们。

老子在《道德经》中倡导的“为而不争”，包含两个方面的含义，一是要对尚未发生的、自己应该承担的事情积极有为，不因为个人内心的恐惧、怯懦而逃避；二是对于过去的、已经发生的事情，保持悦纳、开放的态度，将自己视为其中的一部分，而不是排斥、对抗、焦虑。不争，是面对已经发生的现实，是面向未来的创造与可能。

领导者以自己独特的角色与自己的团队和客户、社会发生着交互影响，而领导者不会将自我的主宰权力交给外部，也不会将自己担负的责任交给外部，他们关注的是自己“能”的那一部分。领导者需要明确的是，要实现组织成长、他人成长，本质上是要自我成长。

第六节

成长进化型组织理论

成长进化型组织理论，源于组织变革与组织发展理论，尤其是组织学习理论，充分借鉴了管理实践学派、决策理论学派、系统科学学派、行为科学学派的管理学，以及东方管理哲学的智慧。

从管理实践角度来看，那些持续健康发展的企业，都是不断成长进化的组织，没有一家企业当前的发展和最初创业时期的规划完全一致，甚至很多都发生了巨大的变化。决定一个企业实现基业长青的，正是组织的进化能力、组织适应环境并与时俱进的能力。

达尔文在《物种起源》中曾说："在我的想象中，能让我满意的说法是，适应良好的物种并非起源于上天的特别赋予和本能，而是因为一种普遍法则的多次的小的持续影响，造成所有生物的进化，也就是增长、变化，让最强者生存、最弱者死亡。"进化论本来属于生物学范畴，是对物种起源的一种猜测而提出的一种假说，认为生物界物种的进化及变异，系以天择的进化为其基本假设。达尔文论证了两个问题，一个是物种是可变的，生物是在进化的；另一个是自然选择是生物进化的动力。而现代进化理论认为，进化是在生物种群中实现的，而突变、选择和隔离是生物进化和物种形成过程中的三个基本环节。现代综合进化论认为，进化是群体而不是个体的现象，并重新肯定了自然选择压倒一切的重要性，继承和发展了达尔文进化学说。间断平衡理论完善了达尔文的进化理论，认为进化不像达尔文所言是一个缓慢的连续渐变积累的过程，而是长期的稳定与短暂的剧变交替的过程。

尽管企业是一种群体组织形式，但其也具有很多生物物种的特性，有的企业寿命很长，有的企业寿命很短；有的企业能够不断壮大，有的企业则迅速夭折；有的企业能够顶得住巨大风雨的冲击，有的企业则昙花一现，短暂辉煌后迅速衰落。如果说所谓“天时地利人和”，导致了某个企业的产生和初期的繁荣，那么成长进化能力则决定了一个企业在持续变化的环境下仍然能够保持长期生存与发展的能力。

成长进化型组织能够洞察需求机会，敏锐感知趋势变化，并基于变化不断建立动态优化核心价值创造能力，在趋势改变的情况下能够在保持核心目标与深层原则的同时，不断超越、打破过去固化的底层假设与相应机制和行为系统，调整组织的业务布局、管理机制乃至价值观体系，在不断扩大的系统中建立、保持和发展自己的核心价值地位与影响力，快速找到利润点，并将积累的利润投入未来。

成长进化型组织，具有以下几方面核心内涵特点。

第一，成长进化型组织持续关注组织的成长，就是始终“自强不息”，他们不满足于安于现状和随波逐流，不断强化自身的核心优势，同时又不被既有优势束缚，而是能够在强化既有优势的同时，不断建立新的优势，并且构筑起自己的核心优势。如果我们用围棋做比喻，他们不仅在某个关键区域做活，而且能够构筑起相互支撑、应变无穷的整体系统优势。

第二，成长进化型组织中的高层领导者重视变革、视变化为常态，如某互联网企业的核心文化中所提到的，“唯一不变的是变化”，鼓励拥抱变化。成长进化型组织不断地进行“发新芽、去枯枝”的工作，即便是在原有业务成熟的时候，他们仍然会尝试许多新的事物，保留有效的部分，迅速放弃无效的部分。人们从安全感的角度出发，往往习惯于固定的、熟悉的、重复的、有明确规律的东西，而变化往往意味着不确定、某种程度的不安全感，因为人们的习惯性防卫心理往往使得人们在环境相对安全稳定的时候对变化持有一种排斥态度，而成长进化型组织的领导者则担负着拥抱和应对变化的责任，他们将不变假设下的执行交给普通执行层，而自己则重点关注变化。有些企业领导者喜欢预测未来和制订规划，而成长进化型组织的领导者关注的重点不是预测未来基础上的计划，更多的是关注趋势的变化，而非趋势本身，他们不仅关注趋势变化背后的威胁，更关注趋势变化背后的机会。

第三，成长进化型组织具有极强的敏捷性和灵活性。相对于传统的强调层级、行政权威的组织，成长进化型组织的组织结构、职位体系的设计更加突出底层稳定性与表层灵活性的结合，他们重视的不是明确的、僵化的、狭隘的职责边界，而是基于使命的目标体系和核心价值观与底层原则，在坚持使命目标与核心价值观和底层原则的基础上，在具体岗位职责、具体任务上，则具有相当高的灵活性和相当大的弹性空间。

第四，成长进化型组织的领导者高度关注市场、客户与外部环境。他们相信组织的价值不是自身产生的，必须通过外部的系统环境而产生，他们高度关注外部环境，关注市场与客户。他们像变形虫，随客户、市场、环境的变化而变化的能力非常强。在这个意义上，成长进化型组织往往有一个信念极度坚定却又高度谦卑与具有极强自省能力的领导者，同时又有一个客户导向、市场导向的权责体系。在成长进化型组织中，领导者知道真正的权力不在总经理手中，也不在董事会手中，而是在市场和客户手中，真正决定企业基业长青的是客户和市场，因此他们往往更加贴近市场、贴近客户。

第五，成长进化型组织重视组织的整体协同性与敏捷性。成长进化型组织重视的不是某个个人的智慧、敏捷性，而是整个组织整体的智慧与敏捷性。成长进化型组织是由一个个不同性格、不同信念、不同专业、来自不同地域的个体所组成的一个虚拟的整体，而这个虚拟的整体虽然看不到、摸不着，但是又实实在在存在着，它们创造出市场与客户、产品与技术、利润与税收、员工就业与收入等。这个整体本身也是一个生命体，成长进化型组织重视这个整体的协同性与敏捷性。协同性意味着这些不同的人必须组成一个整体，而敏捷性意味着每个个体的优势、潜能围绕整体的目标得到最大程度的释放与发挥。协同性意味着统一，敏捷性意味着充分参与和自主，成长进化型组织不将这两点视为对立的矛盾，而是将其视为一个有机的整体。

第六，成长进化型组织的核心是独特的目标与决策体系，成长进化力的关键是目标管理能力和决策能力。成长进化型组织的目标体系有三个重要特点，第一个特点是组织的目标具有平衡坚定性与灵活性的能力，坚定性往往体现为组织高度重视使命与核心价值观的稳定性，灵活性则体现为在目标设定过程中的检验、反馈、评估、修订能力。第二个特点是整体目标是由多个子目标构成的有机整体，每个个体都有自己的目标，而这种目标又与上级的目标高度齐平并最终与组织的整体目标齐平。第三个特点是成长进化型组织的目标的作用更多用于引导和激励，也就是说，这种目标唤醒人们内心对向上的天然的渴望，并让人们因为归属于这个组织而使目标进一步得到放大。

成长进化型组织的第七个特点是专注力。成长进化型组织往往拥有自己的高目标的使命、核心价值观与底层原则体系。他们会专注于这种价值观原则，不会因为外部干扰而轻易动摇；他们敢于挑战，也会面临失败、挫折等重大困难，但这并不影响他们的执着与坚定；他们能够迅速而正确地做出响应和应对、调整。专注力在表象上并不一定是将业务聚焦于一个极其狭隘的领域，而是基于对深层的底层信念的坚守，也正是因为这种坚守，从表象上看，他们有的也会拥有多个看似多元化的布局，但是这种布局在当下与未来、此地与彼地具有高度互补的共同的底层目标与使命。

第七节

成长力与成长型企业、成长型领导

大多数领导者在创办一家企业的时候，想的是成功和登顶的辉煌，却很少想到企业的死亡，但是在典型的企业生命周期理论中，往往将企业的生命周期划分为发展、成长、成熟和衰退四个阶段，经历四个阶段以后，企业通常面临消亡、衰退。任正非曾经说，总有一天华为会死掉，这是不争的事实。马云说要打造一家可以存在102年的企业。这些卓越的企业家都深刻洞察到这一基本规律，而企业领导者的重要职责就是克服或者延缓衰退，这就需要高度重视企业的成长力建设。

在现有管理研究中，将“成长力”作为一种单独的组织能力来研究的还比较少，但是其背后涉及的问题越来越受到企业的重视，尤其是那些优秀的、卓越的企业，典型的表现就是，越来越多的公司开始重视组织发展、组织变革，很多公司设置了专门的组织发展部门与岗位，组织发展（OD）人才的平均薪酬水平也远超一般的HR、财务经理等岗位。

何为成长力？成长力是指企业能够洞察环境变化及其中蕴含的机会与威胁，根据宏伟目标来有针对性地不断超越既定模式、拓展价值创造的边界，构筑持续成长的必要条件储备，适应环境变化并激发主动性、持续创造出更大的独特价值的能力。

成长型企业是指以成长力为主要核心竞争力，并以持续创造出更大的独特核心价值为目标的企业。

相对于普通企业，成长型企业具有以下几个特点。

第一，成长型企业将僵化视为大敌，他们会保持对自身客观、理性的认知，同时保持对环境的敏锐洞察力，并能够根据环境中的机会和威胁来做出快速调整和变化，从而避免僵化。

第二，成长型企业具有长期主义思维，他们不把眼光放在当下，而是更在乎基于长期主义的核心竞争力的持续打造。他们在当下的决策、当下的资源分配的时候，不仅会考虑到当前的情境，还会考虑到其对未来的影响，从而避免在解决眼下紧迫问题的时候，给未来挖下更大的坑。

第三，成长型企业关注持续成长力。就像种树，成长型企业关注树向上生长的活力，关注其持续生长的能力，而不是仅关注短期利益，不关注未来发展。他们不会以丧失组织成长力和活力为代价而姑息纵容停止成长进步的创始团队担任高层，他们不仅关注每一次成功和失败，更将其当成一种学习的机会，当成一种信息的反馈，将每一次成功或失败转化为成长的资粮和财富。

第四，成长型企业通常具有系统的目标与指标管理体系。（关于目标和指标的关系，本书后续部分将详细探讨）成长型企业的领导者就像一场战争的指挥官，他们运筹帷幄并洞察战事进展，敏捷地对战术部署做出调整，而目标和指标系统就像他们的作战地图与远程指挥监控系统，他们保持对目标的坚定，同时，对达成目标所需的各种前置性指标随时保持关注，不会等到结果出来再做出反应，而是在苗头出现之前就能够洞察到。

第五，成长型企业将变化作为企业经营的基本假设。阿里巴巴的核心价值观是“六脉神剑”，老版本的“六脉神剑”之一是拥抱变化，而2019年新版的“六脉神剑”仍然延续这一核心价值观，不过将描述改为“唯一不变的是变化”。基于这一前提，成长型企业将企业的组织学习与发展作为核心文化，尽管他们不一定使用专业用语，但是他们高度重视个体的自我超越、重视共启愿景、重视团队学习与动态的系统思考。

成长型领导者勇于不断超越自我，他们客观地洞察自己的不足，谦虚、谦卑，同时又具有挑战高目标的坚定信念与自信，他们对不同的观点、声音保持客观和开放的态度，对环境保持高度的敏锐性，同时又具有随时自我革命、自我超越的坚定信念与勇气。他们更加关注别人的长处和优势，善于自我反思与反省，能够将成功或者失败转化为自我精进跃升的资粮。同时，他们具备时刻超越“小我”的信念，具有“无我”的“大我思维”，不断扩大、提升自己的格局和境界，持续提升自己在更大的范围内承担责任的能力。

第四章 成长进化型组织的领导力发展

比起管理那些在顺境中保持良性发展的企业，让企业穿越经济周期，持续成长进化，更能体现领导者的领导力。

第一节

何为领导？

“领导”这个词我们再熟悉不过，在很多组织中，员工甚至喜欢直接称呼管理者为“领导”。本节不从学术角度去展开理解，重点关注的是企业中的领导者，或者需要自负盈亏、独立承担自身发展责任的企业的领导者，但不包括以执行上级决策为主的企业，例如某些公共机构，虽改组变为企业性质，但仍然处于垄断地位且执行公共服务职能。考虑到企业中领导者的现实状况，本节不会过分强调领导与管理的区别，在本书不同的场景中这两个词都会被用到。

第一，领导体现的一种责任，而不是权力。在企业中，领导的这种责任不仅仅具有道德意义，更具有事实意义，也就是说，如果一个企业的领导者渎职、失职、无法胜任，结果往往就是企业亏损甚至破产倒闭。

第二，领导承担着塑造和创造未来的责任。企业的领导者尤其是企业家，其使命与责任是创造出与众不同的未来，解决企业遇到的问题。事物的自然变化规律是产生、成长、成熟、衰落，而领导者必须根据这个周期承担相应的责任。一是要推动企业从产生到成长，二是要推动企业成长并延长成长周期，并延缓企业从成熟到衰老的时间。物壮则老，而领导者要做的，就是改变和创造出不同的未来。决定企业生存周期的最关键因素就是吸引顾客的能力，而持续吸引顾客，又引出企业的核心任务——通过创新以高利润影响、创造和满足客户的真实需求。

第三，领导需要担负辨别和引领方向的责任。相对于以执行为主的员工或者管理层，领导需要承担起辨别和引领方向的责任。如果一个领导不能承担起这种责任，其成功往往是偶然机缘巧合的结果，如果环境没有变化、道路持续平稳直行，成功可以延续，一旦需要转弯，如果领导者不能辨别和引领正确的方向，往往就会把企业引向下坡甚至坠入濒临破产倒闭的深渊。领导者要敢于且必须抛弃昨天，系统地抛弃过去是建设未来的唯一途径。被领导者的职责是执行，其假定过去会延续、趋势会不变、沿用旧规则即会持续创造价值。相对于被领导者，领导者承担着舵手的职责，承担着洞察趋势变化、克服改变航线时的惯性阻力的职责，需要基于面向未来而非基于过去规则进行当下的决策，这是领导者需要承担职责的要事。若航线不需要变化，则组织就不需要真正的领导者，只需要规则与执行者就可以了。经济学家认为，除垄断性企业外，普通企业超额利润的本质是对风险与不确定性的补偿，而不确定性意味着变化、无常是唯一的不变。

第四，领导需要承担推动变化的责任。如果没有变化，一切都按照原来的模式自动运行就可以，那领导存在的价值和意义就不大。事实上，无为而治的领导者懂得这种智慧，他们在具有常规性、持续性、重复性的事情上，总是注意授权和通过规则去处理，但他们会对趋势的变化保持高度敏锐性，即随时敏锐地判断是否应该转弯、何时应该转弯、如何提前做好准备，而非等到误入歧途之后遇到死胡同才开始转弯掉头。同时，领导者知道变化的复杂性与难度，会利用各种资源和权力优势，也会高度重视和倾听一线员工、市场、下级的声音与建议，但不会将这种责任推给下级。当企业发展偏离目标的时候，他们能够清晰判断出，是下级执行的问题，还是自己对变化的判断与决策的问题。区分这两类问题至关重要，前者是解决执行层面的问题，而后者则是解决变化的问题，对这两类问题的判断正确与否，直接决定了领导者的应对策略与措施的有效性。

第五，领导承担着塑造企业“品格”的责任。如同人会随着长大慢慢形成性格和习惯模式一样，无论我们是否愿意、是否意识到，性格都会慢慢形成、固定，好的性格和行为习惯模式会使个体一生受益，而不好的性格和行为习惯一旦形成，想要改变所付出的代价会很大。企业也像一个生命体，会慢慢形成自己的“性格”与“行为模式”，看不见、摸不到，但是影响着人们在这个组织中的言行，其影响程度之深，甚至会超过企业的制度、规则、规章，比如有不同意见的时候，要不要表达、如何表达？当遇到很可能失败的事情的时候，是勇于挑战还是因为害怕失败而找出理由论证，选择一条稳妥的路线？考虑问题的时候是关注眼前的利益还是未来几个月、未来一年或未来三五年甚至十年以上的利益？是建立明确的权责机制并严格执行还是根据领导的心思、喜好来执行？是看重贡献与结果还是看重态度和对领导的忠诚度？是要讲出个人的独立观点还是要保持与集体的一致？这些都受到企业“性格”的影响，而对于这种“性格”，影响最大的是企业领导者，尤其是最高领导者，这种影响往往不是领导者刻意为之的，领导者刻意为之的往往只是表象的改变。领导者必须意识到自己塑造企业“品格”的责任，如果将士气、风气不良简单归为员工的问题，往往于事无补。

第六，企业中的领导者要承担让他人有所成就的责任。企业强调市场规律，但企业中的领导者与被领导者，不是市场交易的关系，如果是基于市场交易的关系，彼此关心的是公平，而领导者和员工关心的是薪资奖励与劳动成果是否对等。如果被领导者不是发自内心认同领导者，这种“领导—被领导”关系其实就不存在，充其量只是一种“交易”。领导者只有在让被领导者发自内心认同的时候，才是真正的领导者，这就要求领导者不仅要自己取得成就，还要担负起让他人有所成就的责任，而不仅仅是评估、考核他人的成就，让被领导者有所成就是领导者的责任，也是建立真正领导与被领导关系的基础。这一点之所以对企业领导者重要，是因为企业领导者担负着企业持续生存发展的基本责任，甩不掉、推不开，而离开被领导者的支持，组织的关系就相当脆弱，无法对抗风险。

第二节

领导的双重角色意识——“好领导”与“成功的领导”

“好领导”与“成功的领导”是两个根本不同的概念，但又有着必然的联系，而两者背后需要企业领导者具备均衡的性格。

首先说“成功的领导”，我们在这里不讨论何谓成功，只用最广泛和通俗的意义去理解它。成功的企业领导，可以使企业实现一定规模的盈利，且可以使企业家个人得到认可并获得足够的个人回报，包括经济和非经济方面。

在实践意义上，成功的领导者是一种结果，而非原因，对实践有意义的是对其背后的原因的分析，分析背后的原因，可以帮助更多的领导者成为成功的领导者。这就引出了本节的第二个概念，即“好领导”。如果简单地认为好领导一定会是成功的领导者，在逻辑上会陷入好坏与成败的诡辩而失去实践意义，实践的验证迄今也缺乏可信的严谨证据。接下来，我们进行更深入的探讨。

“好领导”的定义，更像一个道德命题，因为没有普遍适用于所有人的统一的正确、错误之说，A先生喜欢的好领导，B先生可能很讨厌。我们在这里提出“好领导”至少包含两个层面的含义：第一，“好领导”能作出有益于社会和他人的贡献；第二，“好领导”应承担起自己该承担的主要责任，通常不只是一种责任。这两个层面看似平淡无奇，但深入思考将有助于我们理解其背后的意义。“好名声”“道德楷模”“实现利润”并不是“好领导”的条件，好的领导者不一定拥有好的名声，甚至在某个阶段可能面临身败名裂的风险与冲击，敢于在面对困难、风险、挑战的时候坚持原则和使命才是“好领导”。好领导要担负起多方面的责任的平衡，对企业来讲，就是要兼顾社会、股东、客户、员工的利益，处理好多目标的关系。

如果将上述“好领导”与“成功的领导”综合起来，“成功的好领导”需要具备五个方面的基本要求：企业要盈利，并且利润率超过社会平均资本率；企业承担起了该承担的社会责任；企业内部的员工是有所成长和收获的；企业提供了一定规模的市场所需要的产品或服务；捍卫与升华使命与核心价值观。

第三节

成功者的陷阱

中国有一句古话，“攻城容易守城难”。人们渴望成功，但在成功带来胜利果实、成就体验后，如果不加以警惕，也可能埋下失败的隐患。典型的“成功者的陷阱”有以下几种。

第一个陷阱是沉溺于历史。相对于失败者，成功者更容易沉溺于历史，更难以改变过去习惯的行为方式、风格。成功的企业渴望过去的成功能持续，因此不愿意接受变化的事实，往往将变化当作偶然或者意外。即便有人勇敢地对旧的行为模式提出疑问，并指出应该改变，也经常被忽视甚至被谴责，在这种情况下，天然的习惯往往证明的是变革的必要性，而不是证明不变的危害。但事实上，在结果来临、问题变得不可挽回之前，这两者都难以被实践证明，而曾经的历史“事实”却能够证明过去的做法与成功有关联，于是“不变”这种阻力最低的策略往往就自然而然地战胜了“变革”。

第二个陷阱是，因为拥有“更多选择”而“选择失误”“执行退步”。很多小公司在刚起步的时候因为资金、人员有限，往往没有太多选择，只能在有限的选择路线上拼出一条路来。一方面，成功者往往具有一定的资源、品牌、人员优势，在这种情况下，他们往往有更多选择，这就使得选择变得比较困难，并且要让决策层达成一致意见也很困难；另一方面，人们更加容易感到“有退路”，使得在进攻时更加容易退缩。很多实验表明，“有选择”有时候并不是优势，没选择的时候反而更加笃定、坚定。

第三个陷阱是落入“沉没成本”的误区。“沉没成本”是指未来不再能够带来价值的投入。相对于初创企业，成功企业往往会有更多的历史投入、历史成本，其中有些在未来可以带来收益，有些可能无法再带来收益。无论成长型企业还是普通企业，决策都应该是面向未来的，但是大量实验表明，人们往往会因为“沉没成本”而做出不理性的选择。“如果当初我没有进入这个领域，现在我是否会选择进入？”“如果当初我没有上这条生产线，现在我是否会选择上这条生产线？”如果答案是否定的，就应该尽快以最低成本退出该领域。这个道理看似简单，但大量实践证明，人们在这种情况下做出的决策往往是不理性的，典型的例子就是那些买股票被套牢并意识到自己买错股票但仍然不抛售的人，是否抛售股票本来应该取决于未来其是否比今天更有价值，而不是今天是否赚到了钱，如果意识到这个事实就很容易做出理性决策，但是现实是大量股民宁可成为僵尸户也不愿意选择抛售套牢自己的垃圾股票。

想象一下如下场景：某电器连锁集团拥有遍布全国的电器门店，并做到了全国数一数二的位置，资金实力雄厚。而随着互联网的发展，电商网站出现了，很多人开始转为在网上购物。试想一下，在这种情况下，如果您是该电器连锁集团的领导者，您是否会通过互联网平台进行电商销售？网上销售才刚刚兴起，但呈现出增长态势，网上销售可能会冲击线下的销售量，从而使得门店利润率下降，那么您是否会发力电商平台建设呢？相对于其他新设立的电商公司，这家集团企业更容易因为线下门店的销售和利润而阻碍其电商平台的发展，也就是说，如果要做电商平台，他们比新设立的互联网公司更容易受到沉没成本的影响。

第四个陷阱是过度自信。很多关于实验心理学的研究都证明了人们的过度自信现象。回想几年前的中国股市，在几次大牛市行情出现时，公交车上、地铁上到处都可以听到人们谈论股票赚钱，并讲述自己买卖股票的经历，但事实上，股票市场上个人散户赚钱的比例总体上不超过20%。成功赚钱的时候，人们往往归功于自己对股票的选择、判断、时机把握能力等。许多心理学研究发现，在和他人做比较的时候，人们常常对自己的知识或能力过于自信。某项研究发现，如果要评价自己的驾驶水平在一群人中的位置，90%的人都说自己的驾驶技术要在平均水平以上，而很少有人说自己的驾驶技术比平均水平差。但是事实上，根据平均水平的定义，有一半人的驾驶技术高于平均水平，就一定有一半人的驾驶技术低于平均水平。成功者往往更加容易受到过度自信的误导。过度自信会让人们错误地将成功归功于个人，而忽略了外部环境、机会等因素，从而漠视变化，即使看到变化也将其归结为偶然现象。奚凯元教授在研究中指出，成功的喜悦常常使人产生飘飘然的感觉，人们在这种“飘飘然”的感受的驱动下就会过于自信。而成功的喜悦，或者说飘飘然的感受，并不仅仅是认知上的一种状态，它也有其生理上的基础——人的身体受到强烈的情感刺激后会产生肾上腺素，肾上腺素会让人感到兴奋、高兴，从而导致过于自信。

第五个陷阱是眼高手低与过度冒进。介绍这个陷阱之前，我们先做一个小测试。

情境A：假定你是一个互联网公司的创业企业领导者，公司这几年发展不错，员工士气高涨，你决定将明年的利润目标设置为3000万元，这个时候，有两个战略方案供您选择。

方案1：确定可以实现利润5000万元；

方案2：50%的可能性实现利润8000万元，50%的可能性实现利润2000万元。

以上两个方案，你会选择哪一个？请记下你的答案。

事实上，企业的战略决策往往是一种风险决策，领导者既要有敢于挑战的雄心和信心，同时又需要保持冷静、理性与客观。优秀的企业领导者往往具有较好的均衡能力。

下面，我们来考虑另外一个情境。

情境B：假定你是生物医药领域的一个创业企业领导者，在年初的董事会上，大家设定今年的利润目标是8000万元，这个时候，有两个战略方案供你选择。

方案1：确定可以实现利润5000万元；

方案2：50%的可能性实现利润8000万元，50%的可能性实现利润2000万。

你会选择哪一个？

对比一下这两个场景，通常情况下，在场景A中，你会选择方案1，而在场景B中，你会选择方案2。其实，在这两个场景中，行业等信息不过是一些干扰信息，本质上，两个方案的期望值都是5000万元，但是你的选择为什么在两种场景中会不一致呢？

其实这并非偶然事件，关于类似的现象，行为科学研究揭示出一个重要规律，即理性的决策者不应该受参照点的影响，而通常人们对得失的判断往往是因为参照点变化而发生变化，参照点会影响人们在潜意识中对得失的判断。由于参照点的变化会使得人们内心“得失”判断出现潜在改变，面对“获得”的时候，人们往往会倾向于选择更稳妥的方案；面对“损失”的时候，人们往往会选择更加冒险的方案。曾经成功的企业领导者在决策的时候，要注意避免两种误区，一种是眼高手低，另一种是过于冒进，既要敢于挑战，在具体决策的时候，又要保持极度理性，理性分析决策所需要的相关信息，同时不受无关信息的干扰。

第四节

领导者追求优秀的误区与奥秘

领导者通常比普通人对自己有更高的目标要求，更加渴望优秀，这种自我驱动力对领导者成长具有重要价值。但我们通过深度调研发现，很多领导者的内在动力其实是“我要比别人更优秀”。这种动力往往让领导者无法持续优秀，难以突破瓶颈，甚至最终远离优秀，使得领导者无法正确进行社会学习与替代学习。有些曾经成功的领导者开始妒忌、远离那些比自己更加优秀的人，他们渴望融入而又逃离优秀群体。如果组织内部的一些高层管理者具有这种思维模式，往往会对组织造成一些危害，树立对立关系，提高内部恶性竞争的概率。

基于以上现象，本书给出以下六点建议。

第一点建议是，胜人者有力，自胜者强。最优秀的比较对象是自己，而非他人，也就是说，要将优秀建立在超越自我的基础上，是自胜，而非胜他，他人是伙伴而非敌人。

第二点建议是关注和高度重视导致优秀与平凡的可主宰的“因”，而非已经发生且无法自我改变的“果”，追求行为上的优秀，而非结果上的优秀，行为是自己可控制的部分，而结果往往受到各种偶然因素的影响。

第三点建议是使用绝对标准，而非相对标准。相对标准来自与他人的比较，绝对标准来自具体行为能力素质的提升。也就是不通过与他人比较来判断是否优秀，而是通过与自我优秀提升相关的效度、效标来判断是否优秀。

第四点建议是使用内在标准与系统标准，而非他人反馈评价（包括毁誉等）。他人的反馈评价是粗坯混杂的杂乱材料，需要经过正确评估加工后才能成为资粮。

第五点建议是树立和培养系统思维，但不是基于系统内割裂对立的横向个体比较。人非独立个体，结交优秀伙伴与加入优秀组织更能使得个人变得优秀。

第六点建议是将身边一切可以学习的人（包括自己的对手）作为学习的工具，将其转化为推动自我“行为”优秀的助力因素，关注自我提升。

第五节

反弹力与心理韧性

企业领导者注定要创新和面对风险，这是利润的来源之一，而利润是企业实现使命的必要条件。创新和风险，意味着“失败”的可能性更大。一个人成功的核心要素不是智商，不是情商，不是家境，更不是所谓考试成绩，而是坚韧不拔的心理。生命中最大的荣耀不是从来不曾失败，而是每次失败后都能不断奋起。

反弹力就像皮球，甩得越狠，反弹得越高，而如果缺少了反弹力，掉下去就弹不起来了。越是大的使命、挑战，越需要在无数小的挫折失败中积累经验。成功的企业领导者会在经历失败后变得更加强大，从失败中获得更大的能量。

反弹力，意味着穿过生命的下沉阶段，并借势而起，就像尼采所说，杀不死你的，必使你强大。

反弹力需要向上的动力信念与对规律的洞察，既保持向上的坚定信念，同时又对规律保持洞察，知晓上升期并非直线增长，在波谷、波峰交错中实现跃升，同时懂得在波谷期蓄势与晦养厚积，将逆境视作训练承受力的机会。反弹力还需要有一定的指标体系，这种指标体系旨在让我们保持对风险程度的理性衡量，既不盲目乐观，也不轻易悲观，并且洞察检验反弹策略与路径。

下面介绍十一个有利于提升反弹力的因素。

第一，自我关怀与自爱。优秀的领导者在点燃他人的同时还需要有自我点燃的能力，自我关怀与自爱是在逆境中保持自燃力的基础。自我关怀是自爱的体现。自我关怀意味着善待自己，意味着关注自己的内心感受。真正的自我关怀不是狭隘的、自私的，相反，真正的自我关怀往往会同时引起对他人感受的洞察与理解。自我关怀能够让我们洞察内心的呼唤，产生真实的内心感受，不去批评、指责、攻击，而是接受它们、与它们共处、倾听它们、理解它们，自我关怀的同时会激发出同理心，在关怀自我的时候也要关怀他人。

第二，洞察力。拥有洞察力，能够帮助我们对发生的事实、感受、情绪进行真实的觉知，与之共处，而非回避，放下成见，真实地感受它们。避免因为自我的定式思维而自我封闭，因为内心的恐惧或情绪感受而产生逃避心态、丧失信心，丧失理性判断与觉知能力。处于逆境的时候，拥抱那种下沉期内心的恐惧、孤独、挫败感甚至绝望感，洞察它们的实相，而非拒绝或排斥它们，将其转化为智慧的种子。

第三，成长型思维与学习力。成长型思维就是要将成长看得比成功更加重要。拥有成长型思维的人，其个人能力将通过不断拓展经验的边界而提升，他们会将经历中蕴含的一切成长意义和价值最大化，他们不关注成败，而关注自我的成长。

第四，自力更生与自信力、自我效能。在逆境中，人们更容易体会到无助与无力的感觉，认为这个世界似乎无人可以依赖。许多案例证明，这种经历使得很多人挖掘出另外的智慧，就像王阳明被贬谪龙场时悟道：“圣人之道，吾性自足。”这里的自信，是相对于他信而言的，相信自己内在的潜能与潜力尚待开发，保持高的自我效能感，相信自己能够作为“主动影响者”去影响改变未来的能动性，忘却无助。

第五，感恩。感恩的心，能够让自己在面对挫折、打击，甚至在漠视、孤独时，仍然以德报怨，减少负面情绪对自己的冲击和影响，减少挫折的负面作用，而将其正面价值激发出来。感恩的心，也能够让我们最大化地与外界建立和谐关系，而非对立和对抗的关系，这也是逆转时的必要资源。

第六，平和。定而静，静而安，安而虑，虑而得，平和心态的本质是不因风吹浪打而起波澜，保持不动之心，保持内心在低谷时的澄澈圆明。平和的心态，还能够让人在面对诋毁、批评、斥责的时候，在处于卑位的时候，仍然不偏不倚地行于中道。

第七，勇气。狭路相逢勇者胜，勇气，只有在巨大挑战与威胁中才能得到验证；勇气，让人能够更加积极主动地闯入无人区，在不确定、无所依赖的情境下，心中的斗志与智慧永不泯灭。

第八，本真动力。本真动力是指发自内心地要做某事的动力。这种动力能够让人走得更远。这也是企业领导者到一定阶段后需要找到自己的人生使命，将其融入自己的事业中的原因。

第九，慷慨。越是在艰难、困境的时候，人越不应该忘记慷慨。舍与得，往往是因果相续的。慷慨，意味着有“舍”的勇气、“舍”的慈悲，慷慨能够让人赢得更多社会信赖与支持，从而让人在逆境的时候，与外部力量建立更加积极的良善连接。

第十，保持积极。人的大脑往往拥有消极偏见，生命中那些痛苦的体验会优先占据大脑的存储空间，在潜意识中影响我们的期望、与他人沟通的方式及我们的感觉。在逆境中，往往既有恐惧的体验、无助的挫折感，又有迎接挑战的冲动等。当几种感受同时被察觉到的时候，它们会互相影响，保持积极就是要确保让自己觉得有益的东西比痛苦或其他有害的东西更重要，随后让积极的感受影响消极的感受，而不是让消极的感受影响积极的感受。

第十一，战胜困难的决心。有无战胜困难、逆势反击取得胜利的决心，往往决定了我们能否发挥勇气与潜力，决定了我们对机会有无敏锐的洞察力。战胜困难的决心需要具备四个条件，即坚定、耐心、坚忍和果断。坚定，意味着不动摇，最小化消极自我暗示；耐心意味着在胜利之前，不轻易放弃；坚忍，意味着不会轻易被过程中的挫折摧毁；果断，意味着行动中不摇摆游移。

学术界有复原力、抗逆力的概念，本书之所以使用“反弹力”，而非“复原力”或“抗逆力”，一方面是因为三者在内涵上有所不同，另一方面是希望企业领导者将“下沉”当作蓄势的机会。

第六节

谦德，一种最容易被忽视的关键品德

人的认知如同一个圆，打开边界，保持一颗探索与成长的心，向外皆是未知与成长的空间，如果封闭自己，就会变得无知。

未知、挑战是成长的阶梯，也是成长的机会与变革突破的启示，但需要有敏锐、谦卑以及开放的心态。

“三人行，必有我师焉。”以人为师，成长的是自己。“满招损，谦受益”，谦卦六爻皆吉，而傲为千罪百恶之源，道在低处，泰山不如平地大。自己的“傲”很容易被别人发现，但自己经常不容易察觉。傲往往是无法突破成长瓶颈最重要的原因。习近平总书记曾经讲过三命而俯的故事，“一命而偻，再命而伛，三命而俯。循墙而走，亦莫余敢侮”。

以责人之心责己，以恕己之心恕人。王阳明先生曾说：“学须反己，若徒责人，只见得人不是，不见自己非，若能反己，方见自己有许多未尽处，奚暇责人？”

修己以敬，修己以安百姓。敬天爱人，敬，不仅需要常怀敬畏之心、感恩之心，还需要怀有慈悲之心、谦卑之心，方能不因对方身份不同而丧失“敬与感恩”。

贫而无谄，富而无骄，贫而乐道，富而好礼。修心，既不能得意忘形，更不应失意忘形。

《了凡四训》将谦德作为四训之一，德鲁克虽然没有直接讲到谦，但将“关注他人的长处”作为卓有成效的管理者的五项修炼之一，稻盛和夫将“要谦虚不要骄傲”作为实现美好人生的六项精进之一。在柯林斯第五级领导力中，谦虚是其中特别重要的个性特征。易经乾卦六爻皆吉，《素书》中也提到恭俭谦约所以自守，《道德经》虽然没有提到“谦”字，但不自见、不自是、不自伐、不自矜、洼则盈，无不是谦德的体现。谦卑与自卑的区别，在于一个人是否能够持续超越自我。

畏与勇，谦卑与自信，如果处理不好它们之间的关系，容易走向偏颇。畏，是小我瘴目偏离大道，如夜半临深池而不自省；勇，是面对风险、不确定性和畏惧时仍然为道德与值得付出的目标而采取行动的坚定信念。谦，是基于更高标准和对自我的理性客观自知；自信，是不假外求对生命无限可能与创新创造的坚定信念，对自己的产品、工作、成果倾注深厚的感情和无尽的爱，而同时又不抱有成见、偏见，谦虚地观察事物的真实状态，专注、忘我，感觉也是一种类似至诚的状态。至诚如神，心外无物、心外无理，越是无私忘我，越能臻于至善。学习型组织理论中，提到的打开思维、打开心灵、打开意志三层境界，也汲取了东方的智慧。

人们大都希望不断自我超越、越来越优秀，将对优秀的渴望转化为经常能够保持的进取心、精进心，反省的确是重要的方法，例如稻盛和夫经常说“神啊，对不起”“神啊，谢谢”，以这种方法净化自己的灵魂。坚持反省的确不容易，需要超越自我的坚定信念，需要时刻保持谦虚之心，需要克制傲慢心和懈怠心。

王阳明先生说：“泰山不如平地大，平地有何可见？”坤以厚德载物而不自彰。格雷厄姆说：“管理就是帮助人们在他们最擅长的事情上出类拔萃。”好高好名之心也可以在短时间内激发动力，但通常最终带来的是灾难。谦卑、勇敢、仁爱、利他，共同构成坤德的支柱。王阳明先生以傲为千罪百恶之源，以谦为良药。谦德不易，但是真正良药，谦卦六爻皆吉，谦与志配合，更是有益。千罪百恶，皆从傲来，傲背后是自卑，无私方能谦卑而自信。不能去除傲心，往往盯着他人的缺点，而看不到别人的优势，最终束缚住个人的成长。满招损，谦受益，修真正的谦着实不容易，浅层表面的谦背后，经常其实是伴有好名私心。谦源于真正的自信，真正的自信源于去除私欲的无我，而傲背后经常是被自大掩盖的自卑，是私欲遮蔽的不明。

王阳明先生说："无我自能谦，谦者众善之基，傲者众恶之魁。"无独有偶，西方领导力研究的示弱型领导力从另一个角度反映了谦的重要性。哈佛商学院领导力与管理学院诺华教席教授埃米·埃德蒙森在关于示弱型领导力的一篇文章中指出，领导者应当表现得坚韧且自信，这个观念十分深入人心。

当今世界复杂且具有不确定性，领导者需要不断学习，保持敏捷。认识到自己的局限性，保持谦逊，努力发挥自己和他人的潜力，并且要有足够的勇气与好奇心，与他人建立坦诚开放的关系，唯有如此，方能应对变化。

团队领导者需要关注如何帮助组织前进，而非关注自身形象如何，更不是一心营造一种有害的无敌感。整个组织的成员就都能从中获益。就像王阳明先生所说："吾方疾痛之切体，而暇计人之非笑乎？"

第七节

领导行为习惯模式的自我超越与改变

领导者要突破自我的瓶颈，就需要根据不同的阶段、目标、情境调整过时的习惯性领导模式。尽管领导风格理论认为，不同的人天生具有不同的风格，但是这种理论在实践中往往会误导很多领导者，为自己的不良习惯找到借口而不愿改变，事实上，打破旧的习惯模式是持续超越、突破自我瓶颈的需要。

在本质上，改变习惯不是改变某种行为，而是改变自动化的心智生成模式，自动化模式不变，习惯就不会变。习惯之所以不改变，通常不外乎以下几个原因。

● 习惯行为曾经给你带来部分好处，或者当下也会带来部分好处，至少减少了冲突感、不适感。

● 你无法全身心沉浸于你没有选择的那些行为的真实感受，因此，无法真正比较出习惯行为相对于其他行为的坏处以及好处。

● 你无法全身心沉浸于未来的真实感受，因此，你无法准确真实判断习惯行为的未来危害。

● 你的思维意识具有局限性，习惯行为容易影响判断力，容易只关注到当下情况带来的好处，而看不见其带来的坏处。

● 适应性偏见，低估自身的适应力是普遍存在的现象。适应与接受了确定的大危害，“好过”去应对未知的不确定的小危害。

改变的唯一方法，就是一次都不例外，而不是慢慢来。正如墨菲定律中阐述的，如果某件事情出错的概率大于零，只要给予足够多的时间和次数，错误就一定会发生。如果我们始终允许坏习惯可以偶尔出现，我们就永远无法真正改变。

一次都不例外，使你得以全身心（而非仅仅意识虚幻误判）体会到非习惯选择没那么坏。一次都不例外，使得非习惯选择的不适感最大化真实呈现出来，你会发现自己其实是能适应的。一次都不例外，本质上是改变“自动化心智生成模式”，斩草留根，必然不能改变草地模式，根除才能改变草地模式。

一次都不例外，不是结果，而是一种思维模式和信念原则。执行中出现例外，不是“一次都不例外”的方法出了问题，而只是其他因素导致你暂时中断和放下了改变习惯的努力，当意愿产生时再继续就好。

第八节

竞争的真谛

企业离不开竞争，竞争是促进进步的一种重要机制，有竞争往往也说明有需求。大多数企业将竞争作为战胜对手的需要，同时对对手的竞争行为保持一种厌恶的态度。很多企业最终由于竞争而落败。

首先需要说明的一个事实是，那些寿命长的企业，大多将超越自己而非战胜对手作为自己的经营哲学。针对应以超越自己还是战胜对手为目标这一问题，稻盛和夫和斯伦贝谢董事长让·里夫曾经有过争论，最后让·里夫理解了稻盛和夫的观念。让·里夫的经营哲学是“做最好的”，即要比对手做得更好，而稻盛和夫的经营理念则是“追求完美”，即不和对手比较，而是最大化超越自我。例如，追求超越自己的运动员，将注意力集中在每天都比昨天的自己要有进步，而追求高排名的运动员，则更关注对手。在企业竞争中，超越自我比战胜对手更加重要，企业竞争不像赛场竞争有明确的对手、封闭的赛道，企业竞争中，干掉第一名的往往不是第二名，而是第三名、第四名，甚至之前没有出现在大家视野内的企业，例如，打败某个大型商场的，并不是它附近的那个商场，而是电子商务。

老子曾说：“胜人者有力，自胜者强。”要想活得更久、持久成长，就需要将超越昨天的自己、每天都有所进步、当下做出自己可以做到的更高的水平、将过去不可能的逐步转变为可能等作为自己重要的经营理念，而不是比对手更好。

如果理解了这一点，也就能对竞争的真谛有所理解。竞争的意义和价值是帮助我们超越昨天的自己、让当下实际呈现的自己比过去的自己更优秀。从这个意义上，竞争才会成为助力我们持续成长的动力源泉，而非扼杀我们的可怕祸患。想想那些垄断性企业，效率低下、成本高昂、态度傲慢，只能靠垄断地位来维持其运转，在某种意义上已经失去了企业成长的活力，这些企业推出的新业务，往往也很快被那些实力本不如他们的竞争性对手超越、反杀。中国通信市场从20世纪末至今的变化，就体现出这一点。而那些成长型企业，当自己成为行业龙头、看不到对手的时候，甚至会自己给自己制造对手，就像腾讯公司的即时通信抵挡住了阿里巴巴的进攻，但自己内部让QQ和微信同时存在，而非用微信取代QQ，也是为了保持一种内部的竞赛关系，自我激发企业成长的活力和动力。

成长型企业和成长型领导拥抱竞争、喜欢竞争，并非因为他们一定能赢，而是竞争能够激发他们的活力、逼迫自己打破惯性思维，激发更多的创新变革意识，从而不断超越昨天的自己、激励今天更加优秀的自己。而这样做能使他们在自己的核心领域持续进步并不断积累自己的优势，成为无人可以消灭的对手，成为真正的赢家。

第九节

被忽视的倾听力训练

企业领导者尤其是成长型领导者，必须警惕两种习惯，一个是深信自己的想法是正确的，而其他人的观点是错误的；另一个是不尊重并拒绝自己不熟悉的事物和令自己感到不愉快的事物，只关注自己熟悉、确定的事情。这两种习惯渗透在人的意识中，阻碍了认真的反馈意见和真诚的询问。

听，是人类获取信息的重要渠道，但遗憾的是，人类“听”的能力往往会过早退化。对于企业领导者而言，听的能力更加重要。现实中，领导者往往更加重视“说”而不是“听”，如果“听”的能力与“说”的能力不匹配，领导者往往就会“说不进他人的心里去”，台上的人侃侃而谈，台下的人三心二意。除了患有耳疾的人，大多数人不会认为自己的听力有问题，但是从领导者的角度来讲，听不仅仅是一种能力，也是一种智慧。

在开始这个话题之前，请您看看以下几个描述，判断您的程度。

表4-1　自我评价表

序号	描述	经常	较多	较少	很少
1	别人一说话我就知道他想说什么	1分	2分	3分	4分
2	经常感到别人说话啰唆	1分	2分	3分	4分
3	总体上，在我与他人的沟通中，我说的时间多于他人说的时间	1分	2分	3分	4分

续表

序号	描述	经常	较多	较少	很少
4	喜欢说服或教育他人	1分	2分	3分	4分
5	打断他人的说话	1分	2分	3分	4分
6	下属在我面前说话小心谨慎	1分	2分	3分	4分
7	我觉得我知道他们想说什么	1分	2分	3分	4分
8	一边听别人说话一边干别的事情	1分	2分	3分	4分
9	下属有不同意见会向我提出来	1分	2分	3分	4分
10	下属不怎么和我说真心话	1分	2分	3分	4分

如果得分在30分以上，总体上您是个不错的倾听者；如果得分在20分以下，您就需要注意自己“听”的能力了。

倾听的水平，大致可以分为四个层次。

表4-2 不同层次的倾听水平

维度	表达的	隐含的
准确	准确理解对方所表达出来的内容	挖掘和准确理解其背后隐含的，包括动机、期望、信念、认知等
不准确	对对方所表达的理解不准确、不完整	忽略或扭曲误解对方所表达的背后的内容，包括动机、期望、信念、认知等

最高水平的倾听，不仅准确理解对方所表达的，而且能够准确判断和挖掘出其背后隐含的动机、期望、信念与价值观；最低水平的倾听，不仅不理解对方未表达出来的期望、信念、价值观，甚至连对方表达出来的都没有准确理解；介于两者中间的，是准确理解了对方所表达出来的部分，但对其未表达的、隐含的部分，无法准确判断。还有一种是，虽然没有准确理解对方表达出来的部分，但是对对方内在的动机、期望、信念有比较准确的判断和认知。

要达到高水平的倾听，不仅仅需要用耳朵倾听，更需要用眼睛观察、获得情绪上的感受，配合沟通技巧的使用。

有效倾听的背后，是领导者知道个体都会有不足和有限性，从内心将他人看成自己的同伴、自己获取信息的盟友。领导者应深知每个人都有自己的独特视角与信息获取渠道，每个和自己沟通的人，无论其职位高低，只要妥善加以利用，就都有助于自己更加全面、系统地获取信息，了解事实，超越自我思维的局限性。

有效倾听的背后，往往还伴随着领导者所需要的另外一种经常被忽略的能力，即共同思考的能力。人们通常是独立思考，而共同思考往往不像听起来那么简单。

高水平的倾听者，往往也是高水平的提问者，他们在提问中与对方产生真正的沟通，通过倾听与提问接收对方的信息，并且自然地将自己想要传递的信息准确而深刻地输入对方的耳内乃至心中。

高水平的倾听者，需要有直面问题的勇气，有听取“有效信息”而非“让自己舒服的信息”的勇气。说出真相、问题，往往听起来不那么舒服，如果领导者喜欢听“让自己舒服的信息”而不是“有效信息”，那往往就是把自己的耳朵堵上，尤其是当说话者处于弱势地位的时候，往往会说上级喜欢的、爱听的，这样的领导者就无法通过倾听获得更多准确的信息，从而无法做出准确判断。

倾听，不仅仅需要用耳朵，有时候还要用眼睛、用心。对方传递的信息不一定是话语，对方的行为、表情、情绪本身也是信息，这些信息单单依靠耳朵是无法获取的。比如开会的时候，领导让大家就自己的某个提议发表意见，有些人虽有不同意见但一言不发，这本身也是一种信息，而这种信息背后往往蕴含着更加重要的问题的潜在根源。不轻易打断别人说话、不说得太多、在说与听之间自如转换、适当地发问，都是一些有益的倾听习惯。

领导者的听与下级的说，彼此经常构成一个无形的能量场，领导者如果不注意，一不留神就会破坏了这个能量场的流畅性，使之出现不必要的扭曲。领导者的倾听状态本身会直接影响到说话者的“说”。如果表现出三心二意、不耐烦、打断、否认、不认同，对方可能就会调整自己的说话方式和内容，或者停止说话，或者挑选领导者想听的话说，这对于领导者“眼观六路耳听八方”没有益处。

倾听的背后，往往反映了一个人的思维模式、社会角色与自我意识。倾听的最大挑战，在于在倾听的同时还要判断，这些判断会影响你倾听。倾听中，我们需要对信息做出判断，就不能不发挥经验的作用，但是当我们事先有了自己的判断且固执己见、自我封闭的时候，耳朵往往就处在关闭状态，难以真正有效倾听，但如果我们没有自己的原则，也可能轻易被对方影响，而且离开经验我们往往难以做出判断。在听的过程中，经验和自我习惯会对听的内容做各种判断，养成把过程中形成的结论先放在一边的能力和习惯是有益的，即不否认自己心里的判断，也不直接接受它，而是放在一边，让这些判断处在一种“待验证”的状态，即不轻易对自我下结论，也不轻易对对方下结论。这是一种能够迅速生成判断，同时又能将其“悬挂”在一边的能力。在倾听的过程中需要判断力，同时也需要分析力和直觉力两种力量，或者说是左脑和右脑的协同作用。分析力的重点是逻辑、理性；而直觉力则需要放下固有思维，就像佛家所说的放下评判心、无是无非的一种觉知状态。

第十节

领导企业与禅定人生

在白天喧嚣繁华的都市中，外面马路上很大的嘈杂声音、汽车喇叭声音，除非我们刻意屏蔽杂音去听，否则大多数声音我们是听不见的；而在夜晚，很远处的小车行驶的声音我们都能听到。要想提高敏锐度，我们需要提高除杂念、噪音的能力。

在现代社会中，企业家是一种职业，更是推动社会发展和保障人民生活、人的成长与幸福的重要力量。这意味着企业家需要承受更大的不确定性，具有比其他普通职业更强大的风险承受能力。当然，如果取得成功，也会收获相应的物质和精神上的回报。

少数企业家是偶然走上了这条路，但对于大多数企业家而言，“企业家”这条路意味着一种自我的选择——对生活方式的选择、对承担风险与压力的选择、对更高挑战和挫折的选择。

财富是部分企业家的动力，但是仅仅依赖财富的刺激，企业往往走不了太远，更难以创造优秀企业。财富，是一种外在激励，其激励的边际效应呈下降趋势，而且财富通常只是一种工具和手段，当获取财富需要的付出太多、“非经济成本”太高的时候，仅仅依靠财富作为动力的企业家，往往会顶不住困难、压力与挑战，更容易迷失甚至消失在黎明来临前的黑暗中，他们更容易随着财富的增多而迷失自我。

选择“企业家”这条人生之路，财富就像旅者的干粮与水，是征服征途艰险、达到胜利巅峰的必要条件，但是，能够激励企业家征服征途中的艰难险阻的、能够在暗夜中照亮前行的方向的，一定不是水和干粮。

能够吸引和激励企业家逆风飞扬、迎难而上、持续前行的，能够让企业家面对困难挑战、面对宠辱毁誉仍然保持乐观前行、不迷失、不放弃的，是内心对使命与愿景的渴望，以及对通往终点的路途上所经历的风雨、彩虹、雷电背后所蕴含的人生意义的价值判断与信念。没有这两点，企业家的生命征途，往往容易失去动力，半途而废，或者早早遇到瓶颈难以突破。

现实中，企业家选择在哪个领域发展、走何种道路，具有一定的偶然性，大多数优秀的企业领导者都有自己的使命与愿景，我们不能否认这两点的重要意义。相对于没有使命和愿景的企业家，那些找到自己的使命和愿景的企业家是幸运的。相对于将征途中的风雨坎坷看作失败与挫折的企业家，那些能够从内心赋予这些风雨坎坷不同意义的企业家，往往更加积极乐观、更容易保持理性与激情的平衡。

什么是使命与愿景？我们从实用性、实践性的角度去加以解释，其重心不是企业的使命愿景，而是企业领导者个人的人生使命与愿景。简单来说，使命和愿景就是：活着是为了什么？自己的一生要为这个世界做出什么样的不一样的影响与贡献？年龄及生理能量不会因为我们闲着就停滞不前，在有限的生命时间内，对于不断流淌过自己身体的生命能量，应该做的最重要的贡献与影响是什么？不是来自外部的说教，不是来自偶尔的脑门发热，不是来自对他人的照搬照抄和简单模仿。每个人的生命都是独一无二的，人的生命有限，每个人来到这个世界，都承载着不同的“使命”，但是如果不能倾听到内心的呼唤，不能将其呈现出来，我们往往就将自己淹没在茫茫人海与众生中，生命不由自己主宰，而是任环境与社会影响而茫茫荡荡。

如何找到自己的使命与愿景？我们可参考下面这种方法。

第一步

1. 当你还是孩子时，什么活动或哪些时刻让你感受到了最大的快乐与满足？（可能是一个特殊时刻、一个特定活动或者一系列经历）具体描述其中一个时刻，把这一切都写下来。你就好像又回到那个时刻一样，有没有其他人，如果有，是谁？哪年的什么月份或季节，是早晨、下午还是晚上？当时还有什么其他感官体验，声音、气味、味道等？你当时的感觉如何？尽量写，写得越多越好。我们希望你能回到那个时刻，充分体验。

2. 你讲述的故事（时刻）的重点与关键因素是什么？

3. 当你回忆起这一刻时，你的情绪如何？

第二步

1. 描述2～3个最具挑战性的经历。可以是你的生活经历，也可以是工作经历。要选择那些过去发生的但现在对你没有直接影响的经历。写作时要有开头、过程（具有挑战性的事件）和结尾（事情恢复正常或变得更好）。要一直不停地写下去，直到你在黑暗中看到了信念之光。

2. 你内心深处的哪些东西是帮你走出这些经历的关键？

3. 这些经历给你的生命成长带来了怎样的重要影响与贡献？

第三步

1. 回顾你的生命历程，描述2～3个你全身心投入的激情时刻。

2. 你在这些时刻中的感觉如何？

3. 在这些时刻中，你是谁？

第四步

1. 当你进行第一步到第三步的练习时，哪些内容让你露出最多的微笑？

2. 写下与你微笑相关的关键词。

3. 把你在这一步骤中获得的关键词串联在一起。

此时，你可能已经有了四五个真正重要的关键词，但句子表达并不清晰。别担心，让我们继续下一步。

第五步

1. 逐个解释这些关键词，想想它们为什么对你来说很重要。

2. 阅读你写下的内容，思考是否有更好的词语能够定义你此生的意义。如果有，写下来。

3. 如果你找到了可以让你真正微笑的语句，这可能就是对你自己"此生"意义和价值的重要启示与指引。

找到使命、开启愿景只是第一步，人生征途中总是充满各种坎坷纷扰，若想不迷失、不偏离，并且能够时刻保持洞察力，你需要具备智慧、勇气和定力。可以借用禅定与正念的思想与方法，进一步阐述。禅定，是指令心专注于某一对象，而达到不散乱的状态。禅定是修菩萨道者的一种调心方法，它的目的是净化心灵、启迪智慧，以进入诸法真相的境界。要能够不断实现自己的使命、迈向辉煌顶点，达成愿景，也需要类似的一种修炼。稻盛和夫把“临走时比来的时候灵魂更加高尚一点”作为生命的目的和意义，这是稻盛和夫能够成就两家世界五百强企业、在晚年高龄挽救濒临倒闭的日航背后的重要思想根基。

第十一节

中华文化中的领导力核心密码

中华文化的核心密码是什么？对这个问题，仁者见仁，智者见智，比较主流的说法是“心”是中华文化的核心密码，但从领导力角度看，“心”过于形而上且带有玄幻色彩，不同的人关于“心”的理解存在差异。

那么什么是中华文化中的领导力核心密码？这个核心密码，应该符合以下四个条件。

第一，如果按照时间线展开，人类几十万年的历史发展至今的实践不能将其证伪。

第二，从原始社会到奴隶社会、封建社会、资本主义与社会主义社会的变迁，这个核心密码适用于各个时代，且仍然适用于未来时代。

第三，其有利于人类的传承与发展，并能够给人带来幸福感，增强人类整体的幸福感。

第四，体现事实性与道德性的统一，不仅仅是道德层面、精神层面的，也带来事实层面的、可观察、可测量的社会关键指标上的“提升”，使用严谨的学术与科学的方法也不能将其证伪。

如果结合几千年来的人类文化与文明的发展，东西方的历史，以及宗教、哲学、科学的进展，从纵向时间轴展开，从横向不同的地域文化展开，《易经》中“天行健，君子以自强不息；地势坤，君子以厚德载物”作为中华文化中的领导力核心密码也许最合适。

李嘉诚曾经讲过一句话，叫作“建立自我，追求无我”。自强不息的本质，是无所外求的提升自我、扩大自我对外界有价值的贡献与影响，及提升这种心性和能量。无所外求的扩大对外界有价值的贡献，在逆境坎坷时，减少“我”对外的依赖，不怨天、不尤人，而将“自强”作为根本。“无所求”与“有价值”是关键。价值只能源自外部。外部利用和承认价值自会得到拥戴和追随。“无所求”，不是躺平，不是无所作为，而是知道作为的着力点，是复原内心本真的责任、道义、担当与仁爱，是复原内心本有的将生命能量转化为价值的实在动力。

稻盛和夫将修炼灵魂作为生命的唯一目的，修炼灵魂不是手段或工具，它本身即目的，不需要与自我对立割裂的外部依赖。与积极主动的自强不息相对应，领导者的厚德载物，就是不断提升自己的承载力，面对未知、风险、挫折、宠辱、毁誉时，仍然保持一种定力与智慧，保持一份平和与喜乐。

自强不息，体现了奋斗精神、不甘平庸、不安于现状的决心，体现了为理想信念而超越自我、超越过去、创造未来的信念与勇气；厚德载物，体现了包容、承载与接纳，体现了全然的爱与担当，无悔、无嗔、无贪、无惧、无得、无失。领导者需要因时因势因位，在阴与阳、黑与白的变易中，保持灰度的动态平衡而不离正道、不失向上向善的内在动力。

第五章 成长进化中的有效决策

组织实现持续成长进化的一个重要挑战，是在经济趋势发生变化、未来充满不确定性的时候，领导者能为组织选择正确的方向，在重大选择时，能够做出有效决策。

第一节

糟糕的决策者

决策权是企业领导者最重要的权力，领导者总是有意识或无意识地做着各种决策，如果领导者不懂得决策的要义，就会将企业引入歧途而不自知。

糟糕的企业领导者往往在做决策时表现出以下几方面特点。

第一，享受决策的感觉，享受拥有拍板的权力的感觉，但是很少反思自己的决策是否会给企业带来麻烦，当前企业的问题与危机或者错失的机会是否与自己的决策有关。

第二，过度高估个人的力量、智慧。获得短期成功的企业，往往从领导者沉迷于曾经成功的光环开始走下坡路，他们经常过度高估个人的力量与智慧，决策时不听取不同的意见，所谓群体决策，只是走走过场而已，在组织内部讨论重大问题的时候，参会者往往更喜欢说老板想听的、揣摩老板的意见，在有不同意见的时候保持沉默。

第三，不知道何时该行使自己的决策权，根据职位高低来决定谁有决策权，而不是根据岗位职责来确定谁有决策权，对于凡是自己感兴趣的、下级过来找自己的问题，都“帮助”下级拍板做决策。决策权就像一把菜刀，该切菜的时候得出手，但是不该出手的时候乱出手，就会打乱整个组织的运行而不自知。“乱出手”的领导者往往会埋怨大家越来越没有主见、没有担当，越来越会推卸责任。优秀的领导者只做重大的决策，而且会将决策权适当下放。

第四，决策时不能有效同时运用理性和感性两种力量。人是非理性或有限理性的，企业领导者也不例外，所以在决策时要注意理性、全面、系统地考虑问题。但是，在实践中，领导者往往还需要同时利用感性的力量。决策经常会涉及事实层面和道德层面，所谓事实层面就是这个决策会产生怎样的结果，而道德层面则是这个决策是好是坏。涉及道德层面的问题时，仅靠理性是不够的，还需要有胆魄、勇气、责任、担当等。使用感性的力量不是感情用事，恰恰相反，是要避免受感情、冲动、偏见的影响，放下固有的思维方式，有时候只需要让自己的心静下来，正如《大学》所讲："定而后能静，静而后能安，安而后能虑，虑而后能得。"定、静、安、虑，能够激发出内心超越理性的智慧。

第五，决策时目光狭隘，仅关注单一目标。做决策时目光长远、关注多个目标是决策权拥有者应该知晓的基本常识，但遗憾的是这一点经常被领导者忽略。作为企业的领导者，看问题和解决问题以及做决策的时候必须看得够高够远，这就意味着，他需要考虑的往往不是一个单一的目标，而是一个决策对多个目标的影响。例如，决定要不要投资某个项目，不仅要考虑利润，还要考虑这个项目所带来的社会意义与价值，以及这个项目对企业赢得未来客户的重要性与影响。这些不同的目标会有不同的权重，但是领导者不会忽略它们，虽然有可能给其设定较低的权重。

第六，做决策时不考虑行动或与行动分裂，不注意后续的执行反馈。有些领导者经常做决策，但是他们很少将决策转化为行动，这样的决策其实不是真正的决策，充其量只是表达一下观点而已。有效的决策，必须与行动有关，更进一步，必须与行动的选择有关。一个决策，比如谋划与选择路线，如果只是谋划路线，并未将做出的决策实际转化为行动，就是无效决策。有些领导者喜欢在会议上拍板，但是认为执行是员工的事情，这是对决策权的误解。有些决策本身就是不可行的，有些决策虽可行但是根本没有被执行者理解，有些决策可以执行但有太多的条件限制，这些都是领导者在决策时需要考虑到的问题。在某种意义上，行使决策权的，实际上就是对结果负主要责任的人，他们往往也不太注意后续的执行反馈，不能根据执行反馈信息进行相应的检验和调整。这种领导者往往过度自信，认为执行出现偏差是执行团队有问题，自己已经正确地行使了决策权。这种错误认知对企业以及企业领导者有害无益。

第七，做决策时仅考虑短期表现，而不考虑问题的本质，忽略原则原理的重要性。有些领导者，尤其是享受拥有决策权的感觉的领导，喜欢快速地给出指示甚至命令，这种领导者看似高效、睿智，其实往往是对决策权背后所天然关联的责任缺乏敬畏。很多问题、麻烦的出现，需要他们做决策，但他们并没有意识到，他们做出的一些短期看似有效的、智慧的决策，会导致后续出现更多类似的麻烦、问题。领导者需要判断问题的性质，他们仅对重大的、不能依据规章和原则解决的问题做决策，他们能够准确判断，哪些是真正需要他们做决策的问题，哪些是应该通过规章、原则解决的问题。对于需要通过规章、原则解决的问题，他们知道应该通过明确原则以及规章做选择，而不是由自己去“决策”。对于一个需要自己“决策”的问题，领导者需要有意识地反问自己：“这种需要我决策的问题，只是偶然性的，还是经常有的？”如果答案是“经常有的”，他们就不应只是对当前的问题做决策，而是应该分析背后的原因和本质，从根源入手，通过原则和规章去解决这类问题。

第八，总想着决策要“能为人接受”。关于决策，领导者需要知道的另外一个基本原理是：要让决策为人所接受，但是不要太在意这一点。如果领导者总是担心决策被他人反对，通常只会浪费时间、不会得到好的结果。领导者心里知晓“正确的决策”是什么，但是在实践中，领导者往往做的是一些折中的决策，这些折中的决策往往是出于决策方案能够被他人接受的考虑。如果领导者不清楚符合边界和规范条件的决策，这种折中往往就会导致出现错误的决策。领导者必须首先明确“什么是正确的”，才能有“正确的折中”，否则，折中后的决策往往是错误的，会埋下隐患。

第九，抵触集体智慧，不承认集体智慧的真谛与价值。有些企业领导者受群体决策中一些不完整的片段的影响，认为群体决策往往得不出最好的决策方案，认为群体决策得出的是风险最小但不一定是最佳的方案。这一观点有一定道理，但是，领导者更加需要认识自我的不足与局限性。曾经成功的企业领导者，越要对此保持清醒的认知。在现实的企业经营实践中，往往没有所谓最佳决策，反而经常充满了引导组织走向灭亡的错误决策。

学会利用集体智慧，可以帮助企业领导者少犯错误。但是学会利用集体智慧不是说说就能做到的，需要经过一定的训练。利用集体智慧的几个要点可以帮助领导者提升自己这方面的能力。

一是对要做决策的问题有自己的见解。有些管理理论建议领导者先收集信息、不做判断，但这在实践中是不现实的。领导者要形成自己的见解，但是对于这种见解，领导者必须将其当作一种“假设”，而非事实。

二是必须激发出不同的声音、意见，了解其他成员的不同看法和意见。做到这点并不容易，需要领导者胸怀宽广、有智慧，有建立信任的能力，并塑造健康团队文化。同时，需要鼓励其他成员表达见解，要求大家深入分析自己的想法经过实证后的结果。以下三个问题对此有益。

- 判断正确或错误的标准是什么？
- 如果要判断某个见解的正误，我们需要知道什么信息？
- 如果要验证这个见解，需要怎样的客观事实？

领导者不仅要给自己提出这样的问题，也要让其他建议者思考这样的问题。轻率的、个人主观色彩浓厚的建议，往往会导致两种结果，一种是被领导轻易采纳而带来灾难，另一种是被领导拒绝使得建议者感到挫败或不受重视，使其觉得向领导征求意见的过程是“走过场”。前面的两个问题，可以降低这样两种情况发生的概率。

第十，“可否”而非“选择”。

关于决策，领导者需要知道的另外一条是，决策是在多个方案中进行选择，而不是只对一个方案圈阅“可否”。如果只有一个方案，决策是判断可否，就很容易导致决策权的误用。在决策的时候，领导者需要以开放的心态，“创造”出多个可能的方案，并建立起正确的选择标准，基于选择的标准，对多个可能的方案进行比较，而不是针对一个方案考虑是否同意。实践中，多数方案往往并非非黑即白的关系，只有少数方案是明显完全不可行的。领导者应该常思考这些问题：除了这样的方案，是否还有其他方案？就像红绿灯思维与立交桥思维，红绿灯思维只是一个平面下的选择，即一个方向绿灯亮，另外一个方向必须红灯亮；而立交桥思维就可能创造出另外一种可能，即允许两个方向同时亮绿灯。

决策的首要任务是找出真正的问题并界定问题，在这个阶段花再多时间都不为过，最愚蠢而浪费时间的建议，莫过于建议赶快确定问题到底出在哪里。这也是领导者为什么需要高度重视“重要不紧急的事情”的背后深意。如果被迫必须马上做出重要紧急决定，就意味着已经没有了决策的空间，而在本来还有决策空间的时候没有做出正确决策。对真正问题的判断，的确是最考验战略智慧、勇气与价值观的事情，不同的人对同一表象背后的真正问题的判断往往不同，对问题的判断不同，对目标和要事的选择就不同。

第二节

谁拥有决策权？

通常情况下，企业的决策权属于高层领导者。现实情况中，当上下级意见不一致的时候，都是上级说了算。管理者或者领导者本身需要承担决策的责任，并拥有决策权。这种情况的存在有其合理性，但领导者必须意识到其中蕴含的风险和带来的问题。领导者必须意识到，环境快速变化，基层员工和基层主管往往不是简单地机械式执行任务，企业需要应对快速变化的环境，要培养具有创新能力和创新意识的员工，提升组织的敏捷性，决策权需要进一步前置。

在现实中，拥有决策权者往往受企业的文化、机制、环境等多种因素影响。比如，在某些组织文化中，最终就是上级说了算，而在某些组织文化中，决策权以组织权责机制的形式分工行使，在另外一些组织中，拥有决策权的可能是某些在专业上占据权威地位的人。

本节讨论的问题不是企业决策者的现状，而是谁应该拥有决策权。关于这个问题，教科书式的回答通常是按照权责一致的原则行使决策权，但是这种回答对企业实践中的问题指导意义不大，因为责任问题本身就是一个非常复杂的问题，其中还包含很多主观成分，而且现实中的一些卓越企业鼓励责任扩大化，即鼓励员工树立更大范围的责任意识，比如东方企业中以厂为家的文化背景。本节从另外一个视角对这个问题进行分析。

第一，决策权应该由最能做出正确决策的人享有。通常，我们假定高层管理者在格局、境界、能力、经验方面都优于基层员工，因此高层管理者享有决策权。但是如果高层管理者逐渐脱离一线，或者随着规模扩大，企业内部信息不畅通，高层管理者做决策时往往效率低而且容易出现失误。

第二，让听得见炮火的人指挥战斗。在当今快速变化的环境下，决策权和决策的流程需要面对新的挑战，“让听得见炮火的人指挥战斗”就是应对这种情况的方法。听得见炮火的人应具有相应的素质、能力，这一点至关重要。在具体的表现形式上，一种做法是高层领导者去听炮火的声音，另外一种做法是培养一线指挥者的决策意识、责任感与决策能力。

第三，基层专业人士或主管参与到决策过程中，对企业是有利的。管理者对上级和更高一层的组织的绩效负责，管理者制订自己的目标需要经过上级的审批或审核，这些都是正确的管理原则。但这绝不意味着下级只是服从者、接受者。基层主管是决策的最终执行者，他们接近市场、接近客户。一个组织的决策机制、流程和文化，鼓励基层主管参与到决策中，提出意见和建议，不仅有利于提升决策的正确性，还利于提升决策的执行有效性。

第四，需要培养基层主管的整体意识与经营意识，包括让他们了解整个企业的使命、愿景、核心原则与价值观，以及帮助他们理解公司的整体目标，并让他们树立对公司整体目标负责任的意识。这种意识，不仅有利于提升其决策的有效性，而且能够提升其工作的意义感和价值感，使其感受到自己的工作对整个公司未来的影响。培养基层的整体意识和经营意识，主要困难不在于基层，而在于高层，在于高层在观念上可能不敢让基层知道某些信息，不敢让企业保持足够的透明，甚至在内心将基层当成执行任务的工具，而非可信赖的伙伴，针对这一问题，后文将进一步分析。

第五，在哲学层面上，相信人人都能成为经营者，人人都能成为主人翁。这句话说起来容易，做起来很难，但将其作为管理原则，往往会让企业的管理走在正确的道路上，即便出现小的技术性偏差，也容易及时纠正。决策不仅仅是智慧的问题，在很大程度上也是责任和勇气的问题，如果一个人只考虑个人私利，那么他往往在个人利益和组织利益发生冲突的时候更倾向于有利于个人的决策，不愿意选择可能让自己陷入失败的方案。有些人会担心人人都是主人翁会导致权力的混乱，事实上，人人都是主人翁的前提是，企业建立整体性的文化，即员工与企业之间不是交易关系，而是一种事业的共同体，乃至命运的共同体，这种思想也是本书各种方法论背后的底层目标逻辑的重要组成部分。

第三节

事实判断力与价值判断力

假如企业中有人针对企业发展的需要提出某项改革方面的建议，企业应该进行会议讨论，当这项建议遭到很多参会者的反对时，您作为企业决策者，是鼓励推进这项改革政策执行，加大改革力度，还是采取稳妥策略，暂缓这项政策的推行？

也许现实中的问题会包含更多复杂情况，使得您感觉这个描述太过于简单，缺乏必要的决策参考信息，但事实上，企业中很多真实的情境就是在信息不完备的情况下要求领导者做出决策，这对领导者的判断力有很高的要求。

领导者的判断力通常包含两种类型，这两种类型的判断力背后的逻辑和要求具有很大差异，如果不加以区分，往往就难以做出有效判断。上述的简化情境中，也包含类似的情况。

其中一种判断力为事实判断力。根据事实判断，拥有统一、明确和清晰的对错标准，比如，亏损还是盈利？客户购买还是不购买？投资者投资还是撤资？员工离职还是继续留在组织？

另一种判断力为价值判断力。价值判断，往往没有统一的、明确的客观标准。比如，领导者要不要与员工同甘共苦？企业是否应该鼓励冒险精神？企业应该将员工利益放在第一位还是将股东利益放在第一位？企业发展应该采取稳健策略还是大胆策略？

在实际情况中，容易出现以下三种错误。

第一种错误是对事实判断融入太多价值色彩，这会使得决策者戴着有色眼镜，无法全面洞察事实的真相，经常会选择那些支持自己的、与自己的信念一致的方案，而非正确的，甚至同样的建议是由自己喜欢、信任的人提出，还是由自己讨厌的人提出，领导者的态度也会不一样。

第二种错误是用事实判断来评判价值性问题。用事实判断来评判价值性问题，往往会导致无休止的争论、议而不决，因为价值性问题通常并没有统一的、明确的客观评判标准。例如，领导者是否应该在企业经营压力大的时候投入时间、精力和资源支持公益事业？对于这种价值性问题，如果用事实判断，结果只能引起不同意见的争论，谁都无法说服谁。对于价值性问题，如果缺乏统一的、稳定的价值观体系，往往难以做出有效判断。

第三种错误是对价值性问题的重视不够。如果我们更进一步分析，会发现往往难以划分事实性问题和价值性问题。而其中更复杂的，往往是价值性问题，而非事实性问题。同样以领导者是否投入时间、精力和资源支持公益事业为例，如果领导者做这件事情的目的是获得某个政府支持的项目，那么这就可能变成一个要用事实判断的问题，即领导者投入时间、精力和资源做公益，是否会因此得到政府支持而获得期望的那个项目。

如果对组织的价值判断力重视不够，就更容易导致组织发生混乱、冲突和内耗，很多本可以快速达成一致意见的事情会争论不休、议而不决，导致组织将本来应该用于应对外部竞争、解决客户问题的时间和精力用于处理内部矛盾和冲突。在规则不明确的情况下，不同的管理者的决策判断千差万别，这种情况下，企业对管理者个人的能力与品德的依赖性会变得过高。

价值判断力非常重要，但领导者经常忽视这一点，或对价值判断的复杂性认识不够。实践中，大量领导者将这类问题想得过于简单，或者以个人价值标准代替组织价值标准，认为个人价值标准是对的，他人的价值标准是错误的、需要被改造的，结果发现改造不了别人的价值体系，就算改造得了别人的价值体系，这种改造对组织的长期影响也存在很大的不确定性。

价值判断的复杂性体现在两个方面。其一，价值判断往往不是表面的、明显的、理性的，而是隐含的、深层的、潜意识的。我们理所当然地认为应该如此或不应该如此，往往背后隐含着我们想当然的认同和不需争辩的价值判断。其二，价值判断往往具有主观色彩，且不同的人的价值判断具有不一致性。即不同的人拥有不同的价值判断，这是正常现象，而非特殊现象。强行让所有人都拥有相同的价值判断，往往是徒劳的，从事实角度来看，也不利于组织的关键发展目标的达成。

关于如何提升组织的价值判断力，后文将进一步阐述。优秀的领导者需要同时具备事实判断力和价值判断力，尽管这并不容易做到。在这里，笔者从有利于减少领导者决策焦虑与压力的角度，以及尽量减少事实判断失误的角度，提出一个建议：对于已经发生的，重视事实判断；对于尚未发生的，重视价值判断。

对已经发生的重视事实判断，而减少价值判断。这类似于佛学中的减少评判心，对于已经发生、无法改变的，保持悦纳、共处，更能洞察真相，如果执意评估其好坏，往往徒增烦恼而意义不大。

但是，对于尚未发生、可主宰的，须承担自己的选择责任。如果对于尚未发生、可以主宰和影响的仍然片面盲目地“无评判心”，本质上就是放弃了领导者的责任。领导者必须承担起引领未来方向选择、评估何为要事的责任。比如，积善行、思利他，对于已经发生的事情，其实意义不大，但是对于面向未来的、尚未发生的、需要我们承担且可以承担选择责任的，如果没有进行善恶评判，往往就会导致决策出现重大失误。

王阳明曾说：“无善无恶心之体，有善有恶意之动，知善知恶是良知，为善去恶是格物。”善恶源自“意”之动，而“意”只存在于当下、影响我们将要采取的行动。意，只要动，就有善有恶，这更多的是从价值判断角度而言，如果非要用“好人好报、恶人恶报”的事实判断牵强附会到价值判断问题上，就会产生太多自欺欺人的感觉，也无法解释许多实际现象，只能用不可验证的诡辩来捍卫自身判断的正确性，这不是本书所提倡的。

第四节

决策的直觉、理性与灵感

决策，需要依靠理性和逻辑分析，还是直觉和情感？这一问题是管理学中争论的热点，目前争论仍然在继续，两种看法的支持者中都有特别著名的学者或专家。

一方面，有大量的研究证实了直觉判断决策失误的危害，尤其是在重大问题上。仅依靠直觉，而忽视理性分析，往往做出错误决策都不自知，典型的表现是延迟选择，即在面对不确定性或者对所有的方案都不太满意的时候，人们往往倾向于延迟选择、“让子弹飞一会儿”，他们的决策就是不做决策。在巨大压力或情绪操控情况下的直觉决策，也经常给企业带来灾难性的后果。此外，竞争对手利用人的有限理性设计出的一些陷阱，也容易让依靠直觉的人中招。

另一方面，支持直觉和情感决策的管理学家认为，相比于科学家和研究人员，企业领导者在做决策的时候往往无法有条不紊地以理性分析为依据，而是在很大程度上依靠对情境的直觉或判断。同时，一些企业领导者也认为，所谓理性、推理、分析，往往只会把事情搞得更加复杂，其结果往往不比依靠直觉好多少，基于理性的推理分析反而会束缚自己的直觉和灵感。

这种争论在学术领域的存在是必要的，但是如果企业领导者不能正确理解看待，往往会对其造成误导和困扰。

有些知名学者指出，企业家通常不会按照理性假设行事而是凭直觉行事。这种观点很容易被人们当作逃避费力做理性分析的理由，是个非常害人的观点。首先，企业家靠感觉并不是他成为企业家的原因，更不是他成为优秀企业家的原因。不仅仅是企业家靠感觉行事，大多数人在日常实际中都是跟着感觉和直觉走。不排除优秀的企业家有敏锐的直觉，但不能因此就说理性不重要。与其说他们靠直觉，不如说他们有超过常人的直觉。人的直觉通常会受到5个因素的影响，即内心的价值观念、潜意识的心理暗示、情绪、经验和认知，也就是说，直觉决策的有效性，与其具备的经验和知识技能训练、内心深处的价值观念、受情绪影响的程度、未被意识到的潜意识心理暗示都有关系。领导者如果意识不到这一点，又缺乏必要的经验与知识技能训练，拒绝理性而依靠直觉，就很容易被人操纵。

第一，企业领导者必须能够运用理性的分析方法进行系统分析。忽视这一点的企业领导者可能会获得成功，其成功往往充满运气成分，难以帮助企业持续绕过发展中的坑与陷阱，或者一直碰到并抓住好的机会，但当昔日辉煌不再的时候，就归咎于外部环境，而意识不到自己在不知不觉中做出的错误决策。

第二，企业领导者必须能够对各种情境做出快速反应，这种快速反应需要通过多年的经验和训练来加以培养。在他人看来，这似乎是一种直觉能力，但其实是丰富的经验、阅历和训练的结果。

第三，企业领导者不需要刻意强调理性分析决策好还是直觉决策好，而需要掌握两种技能，并在适当的场合加以运用。

第四，领导者可以依靠直觉，但前提是直觉力达到一定水平。敏锐的直觉，本质上是一种特殊能力，并非天然具备，需要经验、智慧、心理素质等方面的综合作用。围棋高手下棋的时候不假思索便可下出妙手，但直觉力一般的人，依赖直觉做决策通常是紧急情况下不得已的选择，同一情境下，不同的人的直觉决策可能差别很大，实际结果也会存在很大差异。

第五，依赖直觉需要满足两个条件，其一是一个可预测、有足够规律可循的环境，其二是一个通过长期训练学习这些规律的机会。如果缺少这两个条件，过分相信直觉，就看不到环境和趋势的变化。而对于企业领导者而言，最重要且有挑战的一个职责，就是比执行者更早地看到趋势的变化。

第六，灵感不同于直觉。过度依靠直觉、批评理性分析的企业领导者中，有相当一部分人错误地将直觉与灵感混淆。灵感不同于直觉，灵感本身是一种宝贵的智慧启示，是一种可以培养的感觉，对于企业领导者而言也非常重要，是对理性思维的一种补充。人们的直觉反应往往受到自己的潜意识、曾经经历的重大事件、处世态度与价值观、情绪模式等的影响，而灵感力不仅要超越被意识到的固定分析模式框架，还需要打破没有被意识到的固定模式的束缚。比如，我们看到某些行为会自动地产生抵触、反感或赞同，这是直觉的作用，而灵感则让我们不受这些自动且固定的模式的影响。直觉经常会产生偏见，而灵感则需要超越这些偏见。

第五节

决策的正确与错误、善与恶

作为一门实践科学，企业管理具有自身独特的客观性指标和事实性标准，比如增长率、财务指标、规模与收入、利润等，但是正确与错误、善与恶，却往往具有主观性，很多涉及道德范畴，这些道德范畴与客观结果之间的关系并非可以彼此取代，而是具有各自的独立性，对正确与错误、善与恶的标准，不同的人有不同的看法。在一个企业中，对于重要问题判断的分歧往往会导致内部管理的混乱、决策之间的冲突，导致内部力量消耗，影响决策效率。稻盛和夫将“作为人何为正确”作为决策的最高标准，将“积善行、思利他”作为企业哲学的重要条目，谷歌将“不作恶”作为自己的核心价值观，这些不仅仅是文字和宣传的需要，而且是让整个系统形成合力，在统一性和灵活性或敏捷性之间保持均衡的需要。

从事实性角度来看，目标是正确的前提，如果没有目标，或者目标不同，对于正确的标准就不同。目标不同于指标，指标是指达成目标的条件，而目标是达成指标后的结果呈现。企业的目标，不应是利润、增长率、规模，这些是指标，是企业达成目标的必要条件。企业内部人员之间产生分歧，往往不是事情本身的问题，而是彼此关注的目标不同。

对问题的判断是影响正确和错误的第二个重要因素，如果对某个问题判断失误，那为了解决这个问题而找的方法同样也会出现错误。例如，如果企业将盈利减少的原因归结为某个竞争对手的挑战，那么接下来要思考的就是如何打败这个对手，如果企业将盈利下滑的原因归结为自身对外部环境判断与响应能力的滞后，接下来要解决的就是如何通过战略、组织、文化、人才等提升自身的判断力与响应能力，对问题的判断，会影响下一步的决策。

第三个重要因素是个体目标与总体目标之间的冲突问题。从个体利益角度来看是正确的问题，对整个企业来讲可能是不正确的，而对企业整体有利的决策，可能对个体来说是有害的。

相对于可以用客观事实来判断的“正确与错误”，善与恶的问题就更加复杂，但也更加重要。

东方领导力文化中，善恶往往也是一种相对标准，比如通常所说的“小善如大恶，大善似无情”，而仁慈也有“大人之仁”和“妇人之仁”的区别。善恶的标准有非常强的主观性。就像两个国家之间的战争，一个国家的勇气在本国看来是善的，而在另外一个国家看来则可能是恶的。追问一种决策是“善”还是“恶”，往往无法得出一个普适性的标准，领导者更需要追问的是这样两个子问题：“什么行为需要被人们看作善行，什么行为需要被看作恶行？”“人们为什么将某些行为看作善行，将某些行为看作恶行？”举个例子，企业辞退了某位没有犯明显错误的员工或者雇用了一位拥有关系资源而专业能力很弱的员工，这种行为是善行还是恶行？陷入这样的争论意义不大，有意义的问题是人们对这些问题的反应是什么，以及如果要保持企业长期健康发展，人们对这样的问题的正确反应应该是什么。再如，辞退一位员工，可能是想让其他员工知道企业拒绝平庸的员工，而如果员工的反应并非这样，那领导者则需要反思为什么没有产生这样的效果，是因为企业没有明确传达出这样的原则？还是因为企业在这方面的行为上存在不一致性？这样的问题，能够将道德性问题与事实性问题更加有效地统一起来。

尽管善恶的标准复杂而模糊且有不确定性，在重要问题的决策中，领导者应自我反问：做这件事情我是否动机至善，了无私心？这样的问题通常是有益的，而养成这样思考的习惯，也有助于企业领导者进行正确的问题判断与决策。

随着企业规模的扩大，正确与错误、善与恶的标准就更加复杂了，在这种情况下，优秀的企业通常会做两件重要的事情，一件是“共启愿景”，另一件是提炼组织的“核心价值观”，后文将对此进行进一步的分析。

第六节

决策中的乐观与谨慎

企业领导者应该积极乐观、拥有坚定信念，还是应该保持客观理性与严谨？

对于这个问题，不同的领导者可能有不同的回答，不同的人也许有不同的偏好。积极乐观能够让人们获得更多积极体验、看到更多的机会，在面对困难和挑战的时候更容易坚持下去。但是如果只有乐观，没有客观理性和谨慎，往往会盲目乐观，埋下祸根。领导者需要掌握平衡这两种力量的原理和技巧。

人们通常会过度自信而不自知。所有人都不认为自己是过度自信的，但无数测验都毫不留情地揭穿了我们这个良好的自我感觉。心理学家也已经证实，大部分人都相信自己比别人有着更为理想的特质。在一项历经几年的实证研究中，研究人员让大型企业的财务总监预测股价的变化，研究人员搜集了11600份预测结果，结论非常明显，这些大型企业的财务主管对股价短期走势的预测值和真实值的相关系数几乎为0，他们预测行情上涨时，行情多半会下跌。有误差很正常，真正的问题是这些财务总监几乎不知道自己的预测毫无价值。

但是，过于谨慎和保守，又会让人们错失发展的机会，不敢迎接挑战，害怕失败，这也会让企业领导者难以做出有效的决策。很多关于企业领导者的素质模型，都将挑战和冒险作为其中一个重要维度。

过于自信会导致冒进、掉入陷阱，过于谨慎会导致裹足不前、谨小慎微，如何能够更好地实现这两者的平衡呢？

第一，在企业哲学层面上，保持乐观、敢于挑战，相信人的能力是无限的，抱着无论如何都必须成功的强烈愿望，持续不断付出努力，鼓足勇气发起挑战的精神是非常可贵的。这是一种自强不息的精神信念，相信人与组织的能力都会提升，努力通过实践追求人类的无限可能，脚踏实地、不断积累，不断从事创造性的工作，时刻保持创新精神。

第二，在决策过程中，企业领导者应有意识地提醒自己兼备大胆和细心，同时具备这两个看似矛盾的极端性格。对于一些重大决策，在创意和设想阶段，领导者要充分鼓励积极乐观型员工发表意见和想法，敢于设定高目标；在具体方案的设计阶段，则需要充分听取那些谨慎型、批判型员工的意见和建议，考虑可能使方案失败的各种原因；而在具体的方案执行阶段，则应该侧重于发挥积极乐观和信念坚定的员工的优势。

一个有利于避免乐观偏见带来重大决策失误风险的方法是，在即将做出重大决策但还没有决议前，领导者召开“陷阱分析会”，召集所有了解这个决策的人开一场简短的会议，提出：“设想我们实施了今天的计划的一年后，结果惨败，请用5～10分钟写下这次惨败的原因！”

第七节

小现象，大问题——批示下级请示背后的大学问

每个领导者都会遇到批示下级请示的问题，这个看似平常的事情背后，却蕴含着经常被领导者忽视的大学问。

哪些事情需要领导批示，哪些事情不需要领导批示？这背后涉及两个层面的问题，一是企业本身权责机制的设计问题，二是企业的文化问题。

权责机制设计本身确定了哪些事情需要领导审批后才可以执行，哪些事情下级管理者或执行者本身就有决策权。小规模企业对于权责机制的要求相对简单，随着企业规模的扩大，管理越来越复杂，如果权责机制的设计不完善，就容易出现管理混乱、效率低下、责任意识模糊等问题。

有些企业中，谁的职位高谁说了算，职位高低决定了权力大小，这一现象在东方文化中更加普遍。在权责匹配机制不健全的情况下，这种做法往往也会成为企业管理水平束缚企业发展的原因之一。在小规模企业中，其负面影响不大，但随着企业规模扩大，如果领导者不能有意识地调整自己的管理习惯和管理方式，就会为企业后续持续发展埋下很多隐患，有时表现为领导者时间有限草率决策而出现决策失误，有时表现为审批周期延长、效率降低。

现实中的情况往往更加复杂，大多数普通企业尤其是中小企业，虽然建立了权责机制，但是由于这个权责机制本身具有局限性，领导者经常仍

需处理很多权责不明确的请示。领导者如果不能识别何为要事，何事需要自己决策，往往就会使企业发展遇到瓶颈。大多数情况下，正确做法是建立机制、完善规则，而非通过领导者个人来决策。需要领导者做决策的，应该是无法通过常规原理、原则、规则解决的重要问题。

领导者审批下级请示的时候，还有一个经常被忽视的基本问题，即领导者的审批决策范围与下级的决策范围之间存在交叉重叠，也就是说，下级请示的问题中有一部分在其决策范围之内，有一些不在其决策范围之内或决策范围模糊。这在“理论”世界可能不合理，但往往是实践中普通企业的常态，领导者的决策审批经常“包含着”下级的决策范围。比如，培训经理提出某个培训方案的请示，方案中的有些内容应是培训经理来做决策的，而另外有些内容决策权模糊或培训经理没有决策权，有些则涉及跨部门协作的问题，在这种情况下，领导者尤其需要知道自己审批决策的重点是什么。

如果领导者要做的决策与下级的决策范围交叉重叠了，在二者完全重复且相对独立的部分，应该以下级的意见为主。领导者可能有不同的意见，可以提出建议，但不要轻易推翻、否决下级决策范围内其可以决策的独立部分。这样既尊重了下级的权力边界、强化了其责任意识，又避免降低其工作效率及影响其责任感与成就感。

上级领导者审批，有两个重点需要注意。

第一，是评估所做决策对企业的影响程度，确保申请人的方案在推动申请人的积极性的同时不损害其他部门、岗位以及企业的利益。比如，如果强制要求其他部门人员停止工作来参加学习，这时领导者就需要评估这对其他部门乃至整个企业的影响。

第二，领导者评估所做决策在更长时间内的影响力，避免出现为了短期绩效而损害长期绩效的行为。

以上两点，是领导者在审批决策时需要独立评估的重点，是领导者在批示下级决策的时候应该重点注意的，也是领导者的重要责任。领导者应尽量避免因为自己位高权重而影响下级决策，不应根据个人喜好轻易过多干预。当然，这不是不让领导者提出个人的意见和建议，只是需要让下级明确，领导者的意见、建议是给予其帮助，而不是权力和责任的转移。

还有一种情况是，下级的某些请示违反既定规则。在这种情况下，监督权与决策权经常会被混淆。监督权的行使，重在要求整改和调整；而决策权的行使，重在决策与安排执行。

如果下级提出的某个议案违反了既定规则，而他本人不自知，在这种情况下，本质是其能否胜任该岗位的问题，而不仅是事的问题，需要从事和人两个角度去解决，尤其是从人的角度的解决策略更加重要，比如培训、换人、换岗等。在下级知道违反规则且认为需要打破既定规则的情况下，领导者需要行使决策权。

在实践中经常发生的另外一种情况是，领导者担心下级在其独立决策范围内出现决策失误，因此代替其进行决策。这种情况也是领导者需要加以警惕的，不到万不得已时尽量不要这样去做。这样做的本质是将事的问题与人的问题混淆，不应该将下级不胜任所带来的问题，通过随意打乱权责机制和管理秩序来解决，其结果通常是适得其反、弊大于利，只会导致事的问题和人的问题都越来越严重。

第八节

培养不同意见的意义与注意事项

要让下属服从自己、与自己保持一致，还是鼓励下属提出不同的意见，这在实践中是一对矛盾。随着企业的发展，从理性角度来看，要提升决策的有效性、降低决策风险，需要鼓励下属提出不同的意见和建议，但是如果走向另外一个极端，又容易导致不必要的内部讨论和沟通交流、增加决策的时间成本、降低决策效率。领导者需要兼顾看似矛盾的两面。如果不能兼顾，理性的选择是要让大家提出异议，这基于一个不可回避的事实：异议不会因为不能表达而被消除，下级心里有异议而不向上级表达，往往会使领导的决策效果大打折扣，长此以往，形成组织内的潜在氛围和游戏规则后，下级表面服从、会上同意，而私下则可能发表不同的言论，看似提高了决策的效率，却使决策的执行效果大打折扣。

领导者必须清醒认识到的一个现实是个人的能力是有限的，优秀领导者的优秀，不在于其单兵作战的能力，而在于其聚合和激发集体智慧与能量的能力。在决策方案设计中，尤其是在诸多备选方案的设计中，能够让大家畅所欲言的环境是极其宝贵的，这种环境又非常容易因为领导者的胸襟不够宽广而被破坏，如果一个组织中形成了只讲领导喜欢的话而非个人的真知灼见的风气，就会让领导者逐步被虚假的信息包围，错过自己洞察真实问题的机会。

在悉心营造畅所欲言的环境的同时，领导者还应建立必要的原则和规则，目的是避免低效的研讨，避免未加认真思考、不负责任的挑战和质疑。这些原则和规则应该是公开的、透明的，且是经过审慎分析的，领导者需要确保这些原则能够在营造畅所欲言氛围、激发集体智慧的同时，保障决策的效率和质量。以下是常用的几个原则。

第一，适度的冲突有利于组织发展。没有冲突的组织背后往往蕴含着巨大的问题，但是过于强烈的冲突往往会引起组织整体协同力显著下降，领导者需要鼓励存在不同意见甚至适度的对抗竞争，同时使之保持适度水平。

第二，将集体目标作为基本准则，即异议不是来自个人利益、局部利益的争夺，而是来自对有利于整体目标的方案的补充和完善。

第三，在批评之前反思自我。在对不同意见进行批评或提出异议之前，自己反思产生不同意见的背后动机，其中有四个基本的问题需要思考：是出于整体目标的考虑还是个人喜好？是出于解决问题还是出于彰显自我？是出于有利于对方，还是出于“你输我赢”？是基于当下信息的判断还是基于过去的成见？

第四，保持对他人尊重与开放的心态。这就意味着要暂时放下自己先入为主的成见，倾听他人的发言，感受他人发言背后的内心潜在期望，正确理解而非臆断他人的想法，尤其需要注意的是高估自我评价能力的偏见，典型表现是对方还没有讲完，就认为自己已经完全了解对方想说的内容和意图。

第五，关注问题的解决，而非人际关系。即鼓励提出针对问题的不同视角、不同解决方案，但不鼓励基于关系的对抗，避免将针对问题的讨论变成针对人际关系的冲突。

第六，原理原则重于具体策略方法。如果大家在原理原则上不一致，在事情上的一致往往也只是表象，当原理原则不一致的时候，在具体的事情上的分歧往往难以弥合，因此，针对具体事情的意见冲突，要更深入讨论其背后的原理原则是否存在偏差和不一致。统一原理原则，不仅有利于解决当下的问题，也更加有利于聚合集体智慧，应对后续的类似问题。而对原理原则的深入讨论，往往能够激发出更深层的集体智慧，触发组织产生重大变革的可能。

第九节

要事第一

作为一个企业的领导者，其时间往往并不属于自己，因此，领导者必须学会掌控自己的时间。但是现实中又有很多事情需要领导者处理，在这种情况下，如果将精力集中于解决眼前紧急的事情，往往会影响自己对方向、道路的选择，轻易选择了最好走的、最顺的路，可走到终点后却发现是条死胡同，后悔已晚。

“逝者如斯夫，不舍昼夜”，时间是最稀缺的资源，如果你做的事情是对的，资金、人才都不会出现问题，人类唯一难以施加影响的是时间。

人消耗时间的事情，通常可以分为四类，第一是重要且紧急的事情，第二是重要不紧急的事情，第三是不重要但紧急的事情，第四是既不重要也不紧急的事情。那么，作为领导者，应该将哪一类事情排在第一位呢？

人们对于应该去除既不重要也不紧急的事情、减少不重要但紧急的事情，一般没有太大争议。主要争议在另外两类事情上。没有经过管理训练的领导者，往往将重要且紧急的事情排在首位，但是，经典的时间管理书籍通常会告诉我们应该将重要不紧急的事情放在更加重要的位置上。原因是，领导者之所以会遇到太多重要且紧急的事情，是因为其在这些重要事情还不紧急的时候没有做好。这种建议是有价值的，也需要企业领导者加以重视。

但是，如果企业领导者的问题可以如此明确，那么事情就好办多了，但事实上，管理实践中的企业领导者们遇到的往往并不是非此即彼的情况，他们面对的情况更加复杂，尤其是在早期摸索阶段或无道路可寻、活下去是刚需的阶段，不可避免地会挖下一些未来需要填上的坑，在这种情况下，让其放下重要且紧急的事情，而去做重要但不紧急的事情，是不现实的，往往对其也是有害的。

正确的做法是，以长期主义和战略思维处理重要且紧急的事情。对于成长型企业的领导者，这一点尤其重要，我们的目的不是今天活着，而是未来要做出更大的价值和贡献。

以长期主义和战略思维处理重要且紧急的事情，包含两重含义，首先要处理重要且紧急的事情；其次，在处理重要且紧急的事情的时候，必须考虑当前的处理对未来的影响，基于未来的影响、长期主义的思维，去确定如何处理重要且紧急的事情。例如，客户投诉处理不当在网上被炒作，这是一个重要且紧急的事情，如果不具备长期主义思维，处理策略的核心是避免对企业品牌、声誉产生重要的负面影响；而基于长期主义思维，可能是从中反思问题出现的根源，反思并更加重视客户价值导向，并将其作为传递企业真正重视客户的理念的一次营销。事实上，用户对企业品牌形象的认知，不是他们是否有问题，而是他们处理问题的态度。海尔早期生产的冰箱存在很多质量问题，张瑞敏抡大锤砸冰箱，就是在传播品牌形象，更是对企业客户意识、质量意识的原则的捍卫和坚守，而企业的价值观是真的还是假的，往往只有在这种特殊事件的处理上才能展现出来。基于长期主义的思维，强化和纠正企业核心价值观、传递坚定捍卫消费者的品牌形象，可能会导致短期的经济损失，但是也可能使企业在艰难中成功登上更高一层台阶。而不具备长期主义思维的企业，可能只是将负面影响对当前收益的冲击最小化作为决策原则，这可能导致完全不同的处理策略与方式。

那么何为重要的事情呢？对于企业内部不同层级的员工，这个标准显然是不一样的。对于企业领导者，尤其是最高决策层的企业领导者，以下几件事情必须始终放在重要位置。

第一，判断机会、风险并选择企业未来的方向和发展道路，这件事不应该授权别人去做，也无法授权别人去做，尽管我们可以利用智囊团、外部顾问、决策委员会等，但这件事始终是企业的重要事情，如果处理得当，后续很多问题就不会产生，很多问题产生后的解决也不会那么困难。如果对这个问题判断失误或者不承担这个责任，企业后续就会不断出现各种后遗症，那些后遗症其实是领导者前期失职带来的隐患，而有些领导者则沉浸于通过解决不断出现的后遗症来展示自己的领导力，这往往是对自己战略判断决策失职的掩盖。

第二，激发员工的战斗力、凝聚力、协同力，尤其是核心团队与管理者阶层的战斗力、凝聚力与协同力。

早期一些知名企业家将“搭班子”作为企业领导者必须高度重视的职责之一。但是，对于大多数中小企业领导者，尤其是从零起步的领导者而言，这往往并不现实，甚至会误导他们。中小企业的领导者，尤其是处于创业期的领导者，必须接受这样一个现实和承担这样一个职责：让普通员工做出不普通的表现。否则，领导者很容易将事情做不成的原因归结为找的员工不对，但是反复更换，发现根本就没有自己想象的那么一个员工，但发现这个事实的时候往往为时已晚，当然，从将事情做不成归因于外部的角度来看，他们也许仍然不会承认是受到自己对员工的看法存在错误的影响。

相对于解决具体的问题，企业领导者必须将“人”本身的问题置于更加重要的位置上，尤其是当企业发展到一定阶段以后，哪怕浑身是铁又能捻几根钉？企业领导者定好方向、道路后，最终还是需要通过他人去执行，这里的他人就是员工，尤其是企业最宝贵也是成本最高的管理队伍。

领导者的价值不是自己解决问题，领导者必须承担起激发员工的战斗力、凝聚力和协同力的责任。领导者可以委托他人设立机制、建立流程、解决技术难题、外包专业服务，但是激发核心团队的战斗力、凝聚力、协同力的责任，只能由企业领导者承担。

第三，企业的文化基因：员工的做事风格、行为特点、取舍原则问题。

很多企业领导者抱怨企业内部彼此割裂、缺乏大局观、抱怨牢骚多，但是我们必须直面的一个问题，这些文化氛围最主要的影响者是企业领导者，尤其是拥有最高决策权的人。

在当今这个时代，企业家既处在优势地位，又处在劣势地位。处在优势地位，是因为其位高权重，具有杀伐果断的力量，因此往往处在优势地位，劳动法之所以侧重于保护劳动者，也是基于这一假设。但这只是一个方面，企业家其实也处在劣势地位，因为岗位越来越多，其绩效标准、操作规范、行为规范也越来越难标准化、明确化，尤其是对于管理者、知识工作者、专业人员，他们和企业领导者处在一种信息不对称的状态，他坐在那里，是在思考解决企业问题，是在想自己家里的宠物，还是在回味某个电视剧的情节，而我们无法打开他的脑袋看。在这种信息不对称的情况下，企业领导者其实又处在一种劣势地位，就像劳动争议中，以绩效不达标解除劳动合同的，企业败诉的比例远高于胜诉的比例。

现代社会企业内部很多工作缺乏明确具体的标准、行为规范而且充满变化，相对于企业内部成文的岗位职责、规章制度，员工的实际行为表现往往具有很大的弹性空间，对于很多岗位，尤其是管理者，这个空间可以用巨大来表示，在这个巨大的弹性空间中，员工如何表现，往往源自他们内心对在这个组织中如何做事、对自己最有利的潜意识判断，而不是制度、岗位职责怎么规定、领导怎么说，他们会看领导们实际是如何处理某些事、如何对待某个人、如何安排自己的时间、如何设计制度（而不仅仅是制度的内容本身）和制定游戏规则、内心真正在意的是什么等，而且越是与表面的制度不一致的或者越是在制度灰色地带的，领导者的影响力越大，员工往往根据这些来调整自己的“弹性行为区间”，从而在组织内慢慢形成一种“如何在这个组织中生存下去”的潜规则。而更加需要注意的是，尽管领导者是这种潜规则最主要的影响者，但实践中领导者往往对于自己是如何影响这个潜规则的知之甚少，他们不知道自己的某个行为、对某个问题的处理、某句话，都会被员工“揣摩”其背后的动机和含义，并以此来调整自己后续的行为模式，有些不适应的、不能调整的员工，往往最后也以用脚投票的形式离开这个组织，留下来的人又不断重复和深化这个模式。

在决定哪些事情应该优先，哪些应该延缓的问题上，最大的障碍不是分析能力不强，而是缺乏勇气，化机会为成果比解决旧问题更重要。要想集中精力全神贯注于一项工作，首先要有足够的勇气，敢于决定真正该做和真正应该先做的工作，这样才能成为时间和任务的主宰而不是奴隶。决定优先次序的原则如下：

- 重视将来而不是过去。
- 看重机会而不是困难。
- 选择自己的方向而不是盲从。
- 目标设定要高且有创新之处而不是安全和方便。

要事第一是一种需要修炼的功夫。

优秀的领导者必须做到要事优先，而且一次只做一件事情。人们都希望能够一次只做一件事情，但现实中往往同时要做几件事情，这很正常也可以理解。日本有些生产制造企业就想办法实现同时做几件事情，有些研究也发现，是一次做一件事情还是同时做多件事情与不同国家、地区的文化环境有关，非洲和南欧很多国家、地区的人就喜欢同时做多件事情。

但为一次做多件事找客观理由的背后，是没有真正将“卓有成效”

看得很重，做了很多事看似忙碌高效但实际没有成效甚至是负成效。另外，就是没有真正重视“领导”二字及领导应有的责任贡献。日本汽车企业强调同时或同步，更多的是针对生产工艺等结果标准明确清晰可见的工作流程优化，而非针对那些需要更多创新创造性思维才能解决的问题，前者可以通过流程规则解决，这不是领导工作重点，领导的工作重点大多是后者。

可做的事很多，该做的事很少。可以同时“做”很多重要的事、“做好”“做对”、做出该有的成效，太难了。如果做错，或者没有正向边际效益，就不如不做。同时做多件事，要么都是不重要、不复杂的事，要么内心降低了目标和标准。做正确的事，把要事做得“卓有成效”，是人生战略选择的智慧的修炼，也是能舍的勇气的培养。

非管理者的要事由上级决定，德鲁克说管理者经常需要自己承担判断要事的责任，同时还需要承担“制定下级要事的标准”的责任，这种判断会直接影响组织绩效及其未来。

如果没有明确统一的目标与基本达成共识的核心价值观，领导者就需要提升自己的智慧、勇气、责任感。否则，权衡名利、个人得失，而非组织关键目标的绩效贡献，就很可能成为事实上的要事判断的标准。

从企业领导者的角度来看，判断事情是否为要事必须综合考虑三个标准：是否影响组织未来绩效目标达成与增长、是否影响员工激发优势潜力和弥补短板、是否影响组织必须应该承担的社会责任，如果再加上一个标准的话，就是能否聚合优势以及保障这三个标准协调发展。

第十节

应对变化——注意线性思维的陷阱

在突发事件发生得越来越频繁、不确定性和不可预测性越来越高的时代环境下，对于承担应对变革主要责任的领导者，传统的线性思维模式通常基于过去的趋势、假设未来不会发生显著变化；而对于当今时代的领导者，这种假设往往难以应对未来的不确定性。培养和提升非线性思维能力，对于领导者推动变革、突破创新和应对不可预测性变得更加重要。

线性思维方式是指关注外部数据和事实，通过逻辑思维和理性思维分析这些信息，形成知识框架，指导后续行动的决策。线性维度包括理性、逻辑和分析思维，专注于理解和交流的外部因素，而非线性维度与直觉、洞察力、创造力和情绪有关，关注理解和沟通的内部因素。Vance等将非线性思维方式定义为“在理解和交流时，对关注内在感受、印象和感觉的偏好”。非线性思维方式允许个体从多个角度得出新颖和令人意外的结论。乔布斯曾经说：“相信你的直觉，它比思维更强大。”非线性思维方式通过一种间接和创造性的方法解决问题。

相对于普通管理者，领导者的重要职责是应对变革与变化，这一职责在马卡时代[1]尤其重要，也变得更加复杂。应对变革是领导与管理的最

[1] “马卡时代”是一个具有现代概念的词，是指我们正处于一个具有易变性、不确定性、复杂性和模糊性的世界。

重要的差别。领导创新与变革的过程往往是非线性的、迭代的，在创新过程中，一个人通过满足一系列复杂的认知需求来达到目的，今天对创造力的认知需求往往需要通过利用洞察力、直觉和情感的非线性思维方式来满足。在当今的商业世界中，有效的规划、思考和问题解决需要包含非线性方法。

重视非线性思维并非轻视和忽略线性思维，而是要求两者之间保持平衡。通过比较中美管理思维方式和道德决策的实证研究结果，我们发现中国管理者表现出更鲜明的线性思维风格，而美国管理者表现出更鲜明的非线性思维风格。在利用线性思维维持组织稳定的同时，领导者还要善于运用非线性思维实现创新突破并培养组织应对非线性变化的能力。

线性思维往往源于某种既定的假设不变的前提，很多以往根深蒂固的假设，常常影响我们的判断，并且基于这一假设对未来做出预测、反应。作为领导者，反思与正确设定核心假设的能力对超越线性思维、寻找突破性创新具有重要意义。埃隆·马斯克推崇的第一性原则就是一个最基本的假设，一个不能进一步推导或分解的假设。埃隆·马斯克解释说，要想取得成功，不必把每个问题简化到原子水平，从而获得第一原理思维的好处，只需要比大多数人深入一两个层次。他进一步解释说，第一性原则思维意味着将问题归结为最基本的精神真理，然后作出推理。大多数情况下，人们习惯于通过类比来理解外部世界，这基本上意味着模仿和重复别人做的事情。在管理上，影响领导者决策的几个问题包括：自己领导的组织或团队存在的核心意义和价值是什么？股东、员工和客户的关系是什么？员工与组织的关系是交易关系还是共同体关系？发挥批判性思维，不断追问本源问题，就能够在不确定中看到背后的确定性。

第十一节

决胜千里——战略管理的本质与战略领导力提升

战略能力是企业领导者尤其是最高决策者最重要的能力。在实践中，企业领导者往往由于某种偶然的原因进入了某个领域并获得短期成功。要想使企业的成功得以持续保持下去，领导者的战略能力就至关重要，但是很多企业领导者陷入事务性工作，用战术的勤奋来掩盖战略上的怠惰。

到底什么是战略呢？企业是否必须要有战略呢？这些问题也许没有标准答案，现实中很多企业领导者脑子里没有“战略”这个词，也没有受过关于战略的训练，但他们也做得比较成功。企业可以没有“战略”这个词，也可以没有经过文字化整理的战略，但企业领导者不能没有战略意识和战略能力。如果没有战略意识和战略能力，就像近视的驾驶员摘掉近视眼镜驾驶汽车，路面宽敞平坦的时候可能没有问题，一旦遇到地形变化、复杂的路况，往往就容易将自己置于危险之地。

在两种情况下，战略能力至关重要，一种是有很多事情可以做的时候，另一种是不知道可以做什么的时候。企业有很多事情可以做，意味着对选择的要求变得更高，而很多问题就是因选择太多而出现失误。当企业不知道可以做什么的时候，如何创造出未来就变得更加重要。

但是，关于战略能力，领导者经常陷入一个误区，即认为战略就是做未来规划，做三年、五年、十年规划等。稻盛和夫打造了两家世界五百强公司，但是他说自己很少做长期规划。事实上，很多企业不做三年、五年规划照样发展得不错，而有些整天做规划的企业只是在做无用功。

战略能力的第一个本质，是对当下行为的未来性进行判断与评估。那些优秀的企业领导者，无论是否制订书面战略规划，在评估当下行为的未来性方面，他们都具有非常强的能力和意识。

提升战略能力的关键，便是训练判断当下行为的未来性的意识和能力。其包含两个方面的意思，一是立足当下，如果抛开当下，就不是战略，只是说说、想想而已；二是必须对行为的未来性作出分析和判断。普通员工只需要关注当下的结果，但是领导者必须比员工站得更高、看得更远，而这种站得高、看得远，不体现在对未来的想象和描绘上，而体现在基于判断来指导当下的资源分配、问题解决策略、事情的优先顺序等。

以围棋为例，高手的脑子里面有一个布局，这个布局一定体现在当下的这个落子上，高手的脑子里会对其在后续阶段如何影响棋局进行考虑。他们不仅关注某个狭小区域眼下的死活问题，更关注每个落子对后续地盘的影响。

战略力的第二个本质，是创造出不同未来的能力。如果企业只是延续过去的做法、路线，或者随波逐流，跟在大势后面走，基本上就不需要战略能力，只需要执行好既定的战术和计划就可以了。战略能力往往意味着对既定战术和计划的调整，意味着与他人不同的选择与策略，意味着做原本没有的、别人想不到或不敢做的事情。而这种创新和创造能力，往往挑战的不是领导者的智商，而是领导者的责任感、担当能力、勇气和坚忍心。

战略力还体现了做出取舍的能力。普通员工和领导者都在有意识或无意识地做着各种取舍的决策。时间是单向的，多数情况下，我们选择做A事情就不能做B事情，当我们选择同时做A、B两件事，就意味着我们不能专心、全力以赴做其中任何一件事情。领导者比普通员工承担着更重的取舍责任，普通员工往往不是取舍，而是根据领导的选择加以执行。关于取舍的能力，背后有三种重要的影响力量。第一种力量是判断不同取舍对未来的影响，这需要洞察力和智慧。第二种力量是取舍的标准，即什么是更加重要的？第三种力量是对承担风险的态度。相对于普通的日常决策，真正需要领导者做的决策，大多是风险决策，越是挑战高目标，越是需要面对短期内更高的失败概率，而越是平庸的目标，越容易让企业失去斗志和活力。优秀领导者取舍的标准是“正确”而非“难易”，即他们选择难而正确的事情，而非简单但没有未来的事情。他们必须具备光明正大地获取高利润的能力，只有具备正大光明地获取高利润的能力，才能够在风险面前坚持到曙光来临的光辉时刻。

第十二节

专注机会还是关注问题?

每个人都会被自己的个性影响而有所侧重，其中很重要的一点是侧重于专注机会还是关注问题，在这一点上，人们往往受自己的个性习惯、经验所影响，很少刻意加以重视和训练，但这的确是个大问题。

无论你是企业家、高级管理者还是普通职员，回顾刚过去的一周：有多少注意力是放在发现和抓住机会上？有多少注意力是放在可能存在的问题上？当我们无事可忙的时候，如果把我们脑子里的想法、念头写下来，其中多少是与机会有关的，多少是与问题有关的？如果你是管理者，当你想到某个同事、员工的时候，你的想法中有多少是与如何通过他们抓住某个机会有关的，多少是与他们给你造成的苦恼和麻烦有关的？如果我们真实地做这种记录，大多数情况下，很多人就会发现我们的主要注意力放在了“问题”而非“机会”上。

有关长期保持优秀的企业领导者的观察及相关定量研究表明，相对于普通人，他们往往是“机会导向”而非“问题导向”，他们的着眼点是未来可能创造的机会，而非过去的问题。有些领导者一开始基于机会创业并取得了一定成功，但是随着企业发展，他们慢慢地被“问题导向”控制，而这也往往是企业开始由成长期逐步进入平台期乃至下滑期的征兆之一，他们更多地关注“失去”“威胁”“问题”，而不是“机会”“可能性”。

专注问题而忽视机会，往往难以真正解决问题。“打得一拳开，免得百拳来”，在赛场上，一个只关注防守的参赛者大概率是一个失败者，即便他采取的是防守反击打法，其本质是等待和抓住反击的机会，而不是被动防守。当我们被“过去的问题”过度缠绕的时候，我们往往无法洞察与我们擦肩而过的机会，而这往往是更能决定企业未来走向的机会。卓越的企业领导者从来不以解决过去的问题为目的，他们不会为了解决问题而解决问题，而是为了抓住明天的机会而改变和解决问题，也就是说，他们改变当下的核心不是解决过去的问题，而是抓住明天的机会。

高层领导者的特性，一方面是，他的大部分时间不属于自己；另一方面，他又掌握着更高的自我选择权与决策权。在这种情况下，采用问题导向还是机会导向，不仅会影响到领导者对每天的重要事情的优先级排序、决定他们如何安排自己的时间计划，还会影响到他们的决策。

是专注机会还是专注问题，不仅仅与企业的长期发展有关，还与领导者的特点有关。专注机会的人，他们眼里充满了机会，即便遇到巨大困难、挫折的时候，他们眼里仍然是明天的可能性与机会，就像有些企业家遭遇重大挫折后在临近古稀之年仍然重新创业成功一样，他们眼里看到的是机会，是希望，从而更加容易保持积极乐观，更加容易让自己的生命生活充满阳光。而问题导向的人，往往眼里都是问题，都是“不可能”，即便在顺风顺水的时候，他们心里仍然难以平静，充斥着各种可能的威胁和问题，从而难以享受更多生命的愉悦和谐，在遇到问题的时候，他们也往往更容易失去希望和信心。相对于问题导向型思维的人，机会导向型思维的人更容易做到毁誉不扰乱其心、失败不挫其斗志、永不退缩，减少不必要的感性烦恼，悦纳不可改变，并专注机会。

第十三节

关于利润

利润是企业领导者最熟悉不过的，但是影响利润变化的根本因素是什么？如何持续提升企业的盈利能力？

影响利润变化的因素有很多，其中很重要的一个因素是领导者对利润的认知和态度。领导者如果对利润的本质认识出现偏差，就往往看不清楚企业利润变化背后的重要原因，从而稀里糊涂挣到钱，又稀里糊涂赔掉不少钱。

利润，可能是天使，也可能是魔鬼。赢利是企业天然的责任，是否赢利是评估一个企业领导者胜任与否的基本指标，不能赢利的企业是对社会资源的浪费，无论是对股东的投资，还是对员工的劳动，还是对企业占有的社会资源。企业如果不能赢利，就不是一家合格的企业。

企业必须光明正大地追求高利润。有些企业可能认为企业不应该追求高利润，只要保持微利或合理的利润就可以了。这样的企业往往有两种，一种是无力追求高利润，将其作为一种托词，是对不胜任的自我合理化；另一种是将其作为一种营销手段，这种企业对外宣传坚持微利，但是企业实际整体利润与现金流往往颇丰。稻盛和夫将光明正大地追求高利润作为核心哲学之一。后文将就利润本质做进一步讲解。这里还有另外一个关键词——“光明正大”。光明正大地追求高利润，这里的高利润，不是来自对客户价值的攫取，更不是来自对客户利益的损害，而是对我们为客户创造出超额价值贡献的超额回报。

利润是什么？光明正大的利润来自哪里？

这两个问题的答案似乎很简单，企业利润来自收入和成本的差额，这句话毋庸置疑是正确的，也是基本的原则，但是对于我们而言还不够。为什么不够呢？市场经济下，人人都渴望拥有更多财富，企业都希望获得更多利润，互联网时代信息传播也更加迅速，当某个领域利润比较高、有利可图的时候，一定会有很多企业进入这个领域，这会使得供给上升，价格下降，从而缩小利润空间。

光明正大的利润，来自对企业家承担不确定性风险的补偿。这句话背后蕴含着深厚的经济学哲理，出于本书定位的原因，不对此进行过多阐述，但是希望企业领导者重视这句话。这句话告诉我们，作为企业领导者，我们必须面对几个现实。首先，企业家一定要面对不确定性，要承担风险，因此，企业家对机会和威胁的判断，驾驭风险、应对风险的能力至关重要。其次，持续发展的企业家一定是持续成长、不断建设自我又不断打破自我的。最后，企业家必须具备创新能力，企业中的创新，更多体现的是一种责任和勇气，是一种满足他人尚未满足的需求，解决尚未解决的问题的意愿与行为，是一种承担这种创新可能带来的失败的担当与责任。

利润是血液，不是目的，也不能代替目的。就像人活着不能没有血液，但是如果只有血液，没有目标，人活着但不知道活着的意义，就有可能走错路，或者在遇到困难时找不到坚持的理由，在成功时找不到成功的意义。企业也是如此，没有利润的企业，就像一个等着输血的人，可以靠股东原始投资、银行贷款“输血”维持生命，但是如果持续不能具备自我造血能力，死亡早晚会降临。利润虽是重要条件、重要指标，但利润不是目的。我们要达到目的，必须获得利润，没有利润，就很难达到目的，我们的目标越是高远宏伟，我们创造利润的能力就要越高，只有我们创造出足够多的利润，我们才更能战胜后续充满不确定性的风险，获取基于超值客户价值贡献的企业自身超额利润回报。

如果企业没有自己的目的、使命、原则，而是唯利是图，利润就会变成魔鬼，企业也许偶尔会有利润，甚至是非常可观的利润，但是这种利润往往是没有根基的，就像盆栽上面挂了一个大大的苹果，而事实上，这个苹果完全不能体现其后续生产苹果的能力。当企业利润可观的时候，企业领导者往往不清楚后续的目标和方向，只能不断去寻找更赚钱的机会，商人这么做也许可以，但是采用这种方式的企业一定难以长期维持光明正大的利润。

当目的与时代大势吻合的时候，创新和创造的成本与风险往往相对较低，但是无论如何，企业领导者的独特要求都是创造出不同的独特价值，并以合理的价格满足用户需求，为进一步实现更大的价值和目的积累好盈余利润。

对于企业的领导者而言，避免错误决策和误入歧途的正确问题，不是“企业能够产生的最大利润是多少”，而是“为承担企业未来的风险，最低需要多少的利润率”，如果达不到这个利润率，企业就无法涵盖自己真正的成本。

正确的答案不是知识和智慧的产物，而是正确的问题的产物。基于“持续获得必要利润，承担必要的社会责任”这两个条件，企业领导者需要承担回答好四个基本问题的责任：我们的客户是谁？他们的需求是什么？我们将满足其何种需求？我们如何更好地满足客户的这些需求？检验指标之一是企业对销售的依赖程度。如果找到了以上四个问题的答案，企业就不会太过依赖推销和销售，反之，如果企业对销售人员的依赖程度很高，不是因为企业处在初创期或新进入该领域的话，领导者就需要反思自己对以上四个问题的分析出了什么问题。这四个问题的答案不是一成不变的，随着环境变化，企业领导者需要注意分析昨天正确的答案在今天是否过时。如果企业的使命和愿景确定得当，其答案保持正确的时间就会更长。

企业本质上没有利润，只有成本，利润本质上是应对未来风险与不确定性的成本。管理者无法预测未来，但管理者必须专注机会，同时需要整合长期目标和短期目标，整合局部目标和整体目标。

第六章

助力成长进化的管理机制设计

企业的成长进化能力，不能仅仅依赖于企业领导者个人，助力成长进化的管理机制设计也是其重要保障。助力成长进化的组织机制，能够降低领导者决策失误的风险，也能够保障组织的成长进化能力不因领导者更迭而起伏。

第一节

道法儒——因发展阶段和对象不同而运用不同的管理智慧

不同企业的领导者往往具有不同的思维习惯、沟通风格、做事方式，这种方式和风格一旦形成，如果不刻意训练，往往不太容易改变。成长型企业的领导者，需要对企业发展阶段及个人风格习惯的匹配度进行洞察。下面笔者将针对企业的不同阶段，结合中华文化传统智慧的启示，给出不同的风格及其有效性的建议。

初创阶段，通常企业规模比较小、员工比较少，而创始团队大多对市场充满憧憬和希望，怀着这个阶段特有的对市场的敬畏。同时，这个阶段企业往往处于摸索期，虽然有一些制度流程和规范，但还需要在实践中加以检验，由于员工较少，其工作表现往往一目了然，领导者有更多机会与每个员工直接接触和交流。在这个阶段，领导者运用儒家智慧往往更加有效。儒学领导力的典型特征是“仁”，领导者既要重视工作，也要重视人际关系，领导者以身作则，身先士卒，同时又对下属表达关爱和重视，可以增强团队凝聚力，建立相互信任的关系，并以此来增强员工的归属感与团队感，激发其责任心、成就感，从而增强其主动性。但是儒家式领导风格，往往会留下一些隐患，就是员工增强主人翁意识的同时，如果取得了一定成绩、功绩，容易导致自我意识膨胀。所以领导者需要规划好自己风格的逐步转变与过渡。

随着企业规模的扩大，员工越来越多，需要处理的事情也越来越多，在这种情况下，领导者与员工直接接触交流的机会逐渐变少，对下属的直接“监督监控”也变得更加困难，同时，不同风格、不同观念的员工越来越多，此时建立处理问题的规则、规矩、原则就变得更加重要。如果领导者无法亲力亲为，队伍又变得相对复杂，法家式领导风格往往能起到关键作用。法家式领导风格的典型特点是重视规矩。早期表现出儒家式领导风格的领导者要逐渐实现这种转变，这一转变对于有些人来说比较容易转变，而有些人则需要有意识地加以训练才能实现。在这个阶段，领导者需要提高对工作、对制度规则的重视程度，并帮助那些自我意识膨胀的老员工提前规划好转变的策略，否则他们可能成为企业进一步成长的阻碍，且对于吸纳新鲜血液也具有一定的影响。同时，这个阶段很重要的一项工作是建立人才标准体系，通过标准和体系，让员工看到个人与标准之间的差距，避免故步自封，也为迎接更加复杂的挑战及招募外部人才提供支撑。

如果企业规模与实力进一步壮大，则进入第三个阶段，领导者需要再次有意识地调整自己的领导风格。第三个阶段的主要特点是企业的人员数量、人员素质都有了较大幅度的提升，之后，领导者可以考虑从道家思想中借鉴管理智慧，实现个人领导风格的第三次转变，即进入“无为而治”的阶段。在这个阶段，领导者更加重视核心队伍的能力、敬业精神，而不再是具体的事务，领导者需要有意识地提前掌握授权的原则、艺术与技巧，激活核心干部队伍的活力，激发他们的成长、成就感、责任感，提升他们独立承担责任的能力。如果领导者仍然只关注细节、关注具体事务，往往会导致真正的人才难以有效施展才能，有些员工甚至会产生不被信任和重视的感觉。需要注意的是，虽然无为，但需要做到上知下行，而不是不管不问，但是除重大的、偶然性的决策外，更多的是授权并让核心干部队伍去承担责任。

要实现三种风格的转变并不容易，每个领导者往往都有自己熟悉的、擅长的方式，有自己习惯的风格，但是如果不能实现匹配性转变，这种自我习惯的、感到舒适但僵化的风格、方式往往会成为个人发展与企业成长的阻碍。

成长型企业与成长型领导，其本质就是将“成长”作为根本，随势就形，因势而变，在无我中建立自我、成就大我。就像武术运动员和UFC运动员，前者强调套路的标准与难度，而后者则强调临敌的反应与应变。成长型领导要带领企业战胜一个个挑战，就需要提升自己的适应能力与转变能力，警惕固定性思维模式对自己的影响。

当然，具体到每个企业的实际情况可能会更加复杂，甚至可以具体到每个员工，我们要根据情境、对方的特点，选择与之匹配的风格。尤其是当企业规模很小的时候，创业领导者没有助手、参谋协助弥补自己的不足，往往既要唱黑脸，又要唱红脸，就像稻盛和夫所说的“均衡性格”，任正非所说的“灰度”。

第二节

知止而后定——企业的核心理念、使命与愿景

使命和愿景，也许是管理学中争议最多或者说最容易引起误解的话题之一。

企业到底需不需要使命和愿景？这个问题备受争议，但是如果我们跳出来就很容易发现，这个问题其实是一个伪命题，并非企业是否需要使命和愿景，而是企业如何形成有效的使命和愿景。这个伪命题可以拆分为两个问题，第一个是有效的使命和愿景是什么，第二个是如何找到有效的使命和愿景。

针对第一个问题，这里提出5个条件。

有效的使命和愿景，本质上是一种可以激起人们长期奋斗与积极向上精神的一种信仰和信念。它能够激励人们不断超越当下，成为更加优秀的自己，通过组织聚集在一起，一群人干成一件不太容易干成的有意义的大事，在企业遇到风雨的时候，让人们仍然能够心怀梦想，拥有激情。

有效的使命和愿景，能够让企业更加有效地应对复杂决策，在决策的时候避免“近视眼”的危害，即因为基于短期得失的目标而给企业后续发展埋下大坑。使命和愿景必须以企业当下活下去为前提，但不能仅满足于活下去，而是要拥有更好的未来，领导者在决策的时候既要考虑决策对当下的影响，更要注意决策的未来性，他们不仅关注当季的收获，还考虑今

年的幼苗、来年的种子。他们会基于长期主义合理规划自己的利润，在丰收的时候，为未来留好余粮，在歉收的时候，能够积蓄势能蓄势待发。

有效的使命和愿景能够直接影响企业的当下，而非仅指向未来的想法和希望。有效的使命和愿景不是空想，而是直接连接当下的行动。既要心怀梦想，又要让当下因为有梦想而有所不同。有效的使命和愿景，以企业当下的要事选择、客户与价值定位、核心优势打造、关键资源分配计划等形式呈现出来。

有效的使命和愿景，能够让企业在变与不变中保持最佳平衡，能够正确区分“钻牛角尖”和“坚韧执着”的差别。世界是在动态的平衡和不平衡的循环中滚滚向前的，正如中华文化强调阴阳之道。有效的使命和愿景，能够让企业坚守住不变的东西，对需要变化的部分保持高度敏锐，保持企业独特的韧性、执着与毅力，同时又能避免企业钻牛角尖而不能自拔。

有效的愿景是基于渴望，而非恐惧。

有两种力量能够激发出人们的力量，一种是恐惧，一种是渴望，而愿景则强调后者。基于渴望而非恐惧，人们才可以持续不断地学习、成长。如果愿景是基于昨日的问题，即便问题解决了，未来去哪里也仍然不确定。有效的愿景是基于未来的成就机会，而非昨天的问题。愿景教我们不是如何走出泥淖，而是指引我们未来的前行方向。

有效的使命和愿景，属于一群人，而不是某个人，它源自企业家，但必须与企业核心团队的个人愿景、使命相结合。有效的使命和愿景，不是聘请外部顾问公司、策划专家用文字堆砌出来的。外部顾问的作用是帮助企业找出本来在那里的那个“它”，但绝不是凭空创造出使命和愿景。

有效的使命和愿景，需要转化为具体的基本行为原则。它不仅直接关系到当下的重要决策，还需要转化为具体的基本行为原则，这些原则应该是深入本质的、关键的，对组织使命和愿景及战略目标达成具有至关重要影响的一些基本规则，尤其是面对冲突、矛盾时的取舍原则。例如，某全球知名电商公司明确将“客户第一，员工第二，股东第三”作为企业原则之一，该原则一方面说明了当三者利益产生冲突的时候优先考虑的是谁的利益，另一方面又是企业经营哲学的体现，即企业所有的愿景使命与战略目标的达成最终取决于顾客，而企业的顾客创造能力取决于员工，顾客是员工利益的保障，而顾客和员工又是股东利益的保障，持续的顾客创造能力是股东利益的根基，而持续的顾客创造能力既是衡量员工价值的条件，同时也是满足员工需求的前提。

另外，对使命和愿景进行区分也是必要的。使命，是一家企业在利益之外存在的深层原因，就像追星星的孩子，他追赶星星并不是为了得到什么，在追星星的过程中获得的快乐更重要。使命就像地平线上指引的恒星，我们可以永远追随它，却可能永远不能真正触碰到它，它源自人性本有的一种渴望向上、存在实现与创造梦想的内在深层力量，本身与利益无关。使命本身不应该发生变化，却不断激发着变革。相对于使命，愿景则更像包含了极度挑战性但感染人心的高难度、高价值目标的生动图景，一种“令人向往”“产生冲顶冲动”的美妙未来世界。

再说第二个问题，如何找到有效的使命和愿景呢？

要找到有效的使命与愿景，首先要回答一个问题：“我们想要创造什么”，个人的愿景是人们自己头脑里的图像和画面，而企业的愿景则体现了整个企业在人们心中的形象，这样的形象，将人们内心对未来的憧憬整合成为一个整体，从而使得企业在各种活动中保持连贯性和一致性，在没有明确规则制度的情况下，在没有明确指导或指令要求的情况下，也能够保持彼此方向一致。共同的愿景是学习型组织的核心，对成长型企业也至关重要，在某种意义上，它描绘了企业成员心目中的共同未来，是大家聚合在一起要创造出的未来的目标在当下的映射。

要建立企业成员的共同未来憧憬的图景，第一步要激励个人形成愿景，改变领导者描绘愿景而员工认为不过是“画大饼”的做法。在很多企业中，领导者往往抗拒这种做法，害怕员工因为重视自己的个人愿景而与企业领导者出现分歧甚至割裂，但这种抗拒对企业有害无益。在今天的企业中，大多数员工不再是为了温饱而不得不出卖自己的劳动力，他们内心有自己的理想与渴望，一个企业真正的愿景，来自大家的愿景的交集部分，而非来自外部灌输。如果员工的个人愿景得不到激励和重视，他们要么人云亦云，要么只是吸收消化而不内化于心，也可能追随和参与，但难以做出真正的有效贡献。

第二步，在激励个人愿景的同时，高层领导者要积极思考和深入反思，发掘出自己内心的未来个人愿景，如果高层领导者本身对未来是模糊的，只是想实现财富自由后便不再拼搏奋斗，企业就不可能形成共同的愿景。高层领导者应该找到自己内心深处那种鼓舞自己去实现未来的力量，这通常需要理性分析，通过聆听内心声音、超越习惯性思维和语言感受直觉等几种方式来实现。在这一步，领导者需要注意的是，这里所指的愿景不是企业的愿景，而是个人的愿景，不应把个人愿景硬灌输给他人。

第三步，愿景的分享和交流。这种分享和交流，需要领导者放下评判之心，要感受到彼此内心真实的渴望与动力，而非我们喜欢听的、伪装过的慷慨陈词。在这个过程中，我们需要将彼此视为平等的个体，每个人都有追求个人理想的自由和权力，我们走到一起，并非我要剥夺你们的未来，让你为了我的未来而奋斗，我们是相互共同成就、实现共同未来的整体。在东方领导力中，道在低处，后其身而身先，在这个环节中也是有益的。在彼此敞开心扉、相互聆听、放下评判中，人们彼此的心灵开始交汇成为一个整体。在这个过程中，高层领导者的敞开心扉、聆听至关重要，他们必须放下自己的成见，摒弃自以为无所不知的心态，不仅聆听大家的话语，更要感受话语背后的渴望、期待与热忱。

第四步，领导者将自己的愿景与大家的愿景的交叉重叠的部分提取出来，结合企业的特点、对未来机会的判断等，初步形成共同愿景的原型。如果领导者不能感受到大家内心的渴望，或者在第三步的时候没有打开心扉，这一步实施起来就比较困难。

第五步，领导者真诚地与大家进行交流、研讨这个愿景原型，以确保其是真正的共同愿景，而非自欺欺人的漂亮口号。在这个过程中，领导者通常需要对原来的判断进行检验和调整。

第六步，鼓舞、感召、吸引更多人加入这个愿景中。愿景的开发需要强有力的宣扬号召，也需要在宣传号召的同时能够积极感受和倾听他人的真实愿景。前面的环节不可能让所有人员都参与，通常是由关键人员、核心团队参与，而一旦愿景形成，领导者就要鼓舞、感召和吸引更多人加入进来。这时，员工对愿景的态度会有所不同，有为之鼓舞的，也有将信将疑的，还有口头认可但内心不置可否的，甚至有公开批判的，这些都很正常。在这个环节中，领导者需要展现出自己的真诚、感召，而非命令、控制和权威，因为命令、控制和权威可以赢得服从，但赢不来大家内心的支持与拥护。即便员工不认可，领导者也不需要强制对方去认可，强制对方认可的做法不过是自欺欺人。有些企业领导者认为强制久了员工自然就接受了，其实是自欺欺人。面对不赞同的人，可以给予对方选择的自由，越是给对方自由，对方越容易承担起自我选择的责任；而越是强制，越是容易使对方内心产生反感。

第七步，保持坚韧与弹性。愿景形成后，要将其转化为现实中的行动，转化的过程中一定会有各种困难和挑战，这是必然的。感染力越大的愿景，往往越需要持续的热忱与坚持。在这个过程中，保持坚韧和弹性至关重要，坚韧意味着坚定的信念，不动摇、不放弃，而弹性则意味着对创造性空间保持理性的认识，会改变路线，会暂时迂回，但不会轻易放弃长期未来的共同“事业”。

第三节

成长型组织的职位体系设计

企业组织能否拥有聚合力，很重要的一个影响因素是组织结构与职位体系的设计。企业通过建立组织结构与职位体系，使得具有不同优势的员工围绕共同的目标聚合起来，实现优势互补、分工协作。一个企业到底应该设置多少个岗位？岗位的任务目标设置多高是合理的？这两个问题是职位体系设计中需要回答的基本问题，实践中并没有统一的标准答案，通常与企业的技术、工艺、人员情况和所处的行业等有关系，职位设置过多，虽然提高了专业化程度，有利于提高岗位工作的专业性和熟练程度，但是容易提高岗位之间协调的复杂程度，增加对人员数量的需要。岗位设置过少，一个人同时承担太多的任务，就难以聚焦于自己真正擅长和真正重要的事情，导致什么都做却什么也做不好。一般的原则是追求最佳的分工协作效率。这在理论上是没有问题的，但对于企业的实践指导意义不大。

关于职位体系设计，学院派提出的传统方法包括效率型职位体系设计、激励型职位体系设计、基于心理能力的职位体系设计、基于人体工程学的职位体系设计等，但对于企业实践中的职位体系设计的指导意义和价值不明显，很少有企业会基于这些理论去设计职位体系。对于成长型组织，组织的职位体系设计要能够激励组织成长、激励员工成长，那些相对固化的、静态的、基于持续重复过去做法的职位体系，在这一方面都自然不能满足要求。

对于成长型组织，设计职位体系时有以下几个关键点。

第一，成长型组织的职位体系设计以组织的目标为导向，以充分发挥可用人员的优势、长处为原则。成长型组织不会因人设事，但也绝不会抛开人的因素来考虑组织的职位设计，而是基于组织的目标，充分考虑可用员工的优势和长处，基于“要达成目标，怎样的组织方式最能发挥他们各自的长处和优势”这样的问题进行思考，并在实践中评估并记录人们的实际行为表现与预期行为绩效，持续检验、发现和挖掘彼此的长处。

第二，成长型组织在设计职位体系的时候，职位目标不应基于员工现有的能力，而应按照“能力要用将来进行时”的原则，即在设计职位体系的时候考虑现有员工的现实情况，坚信他们的能力会成长，为其保留足够的挑战与成长空间，给予其能够激发战斗欲望的挑战性的目标以及相应的空间和授权。职位设计要基于有一定挑战性的高目标和比较广泛的任务范围，配合成长型企业的经营哲学与文化，对企业和员工而言是双赢的设计，更能够让员工的工作富有成效，让员工有更多机会充分发挥自己的优势，减少倦怠、有更大的成就和贡献，而对于企业，往往还可以减少人员数量需求，在提升人均收入的同时提高人员总成本的总产出率。需要注意的一点是，管理者在相信下属、善于授权的同时，应针对下级职业生命周期阶段采取不同的管理方式，以动态发展的成长型思，维根据员工职业生命周期采取权变的管理方式与策略。

第三，成长型组织的职位职责范围设置不会过于狭窄。在一个狭窄的战场上，人们很难充分施展和发挥自己的真正优势与长处，因此，成长型组织的职位体系设计会将职位职责及其权力设置得相对宽一些，其核心目的是让员工有机会去充分发挥、施展自己的优势、长处。实践证明，工作丰富化和工作扩大化，配合成长型文化建设，在同样人工成本水平下更能激发出员工的热情和潜能，使员工做出更大的绩效贡献，并反过来提升组织绩效，带动员工个人能力与回报的提升，形成正向循环。如果职位设置得过于狭窄，员工没有充分施展的空间，往往很快就会进入职业倦怠期，失去成长和学习锻炼的机会，因此不能做出本可做出的更大贡献，并陷入低工作、低效能、低成长、低工资的负面循环。成长型组织的职位设计要有利于员工充分发挥自己的优势，所以，职责的范围不应该过于狭窄。如果职责过于狭窄，不利于员工发挥自己的优势，甚至员工不得不将大量时间用于重复但自己不擅长的任务上，既不利于员工发挥自己的优势，还会导致职位过多、机构臃肿、沟通协调复杂度升高。

第四，成长型组织的职位体系设计，需要给员工更宽的授权空间。如果员工只是被动的执行者，员工就难以发挥创造力，也难以进行有效创新。长此以往，企业的创新文化和氛围就难以形成。因此，在成长型组织中，职位体系中应该给予员工更大的权力。在实践中，做到这一点的难点不在于权责机制的设计过程，而在于执行过程。执行过程中有两个要点，第一个要点是善于发现员工的优势和特长，避免将授权变成不必要的负面压力；第二个要点是鼓励创新、容忍失误及鼓励承担责任的文化氛围，这包含两层含义，其一是鼓励创新，创新必然意味着有更少的经验可以借鉴，需要更多犯错的机会，因此，鼓励创新往往也意味着组织要容忍创新过程中的一些试错成本，其二是认识到试错成本是成长的必然需要。

第五，高度重视培养有责任感的员工。成长型组织的职位体系设计要更加重视培养具有高度责任感的员工。我们无法用金钱买来责任感，金钱的奖励作用固然重要，但无法换来责任感。前文提到的两点，即拓宽职责边界、扩大授权范围，本身也是提高员工责任感的一种手段。除此以外，发现和利用员工的长处，鼓励他们做出高目标的贡献，培养他们的参与感和成就感，严格要求并使他们富有成效、透明而清晰明确地反馈修正体系，都是培养员工责任感的重要条件。

第六，对职位的要求要严格，要设定更高的目标。相比于传统职位体系设计基本任职资格和任务标准，成长型组织对职位体系的要求更严格，鼓励并创造条件设立更高的目标。具有现实性但充满挑战的目标，更能够激发员工的成就动力和成长的欲望，而平庸的目标带来的往往不是工作满意度的提升，而是使员工倦怠和失去意义感。成长型组织的职位体系设计，要充分鼓励员工挑战高目标，给予员工挑战高目标的空间。从本质特性角度来看，最能够有效刺激员工改善绩效、带给他工作上的自豪感和成就感的，就是分配给他们高要求的任务。员工不懈努力，专注于达到高要求，往往更有干劲。

第七，职位是为“常人”设计，而非为天才设计的，即成长型组织的职位体系，是基于人们的成长而非基于人们已经是天才而设计的，他们不会设计只有那些现实不存在的理想人物才能完成的工作，但他们会通过组织的力量来让一群普通人去挑战不普通的事情。

第八，成长型组织不会因人设事，但重视用人所长，重视将职位与人的优势、特长相匹配，重视有系统而慎重地持续安排员工到适当的岗位上，激发员工的责任感。成长型组织承认每个人都有自己的优势和特长，也有自己的短板和不足。成长型组织会鼓励员工不断加长“长板”，同时在分工体系设计时尽量避免员工的“短板”成为障碍性因素，通过职位设计与组织和团队的力量，在消除个人“短板”的障碍作用的同时，实现每个人的长处和优势不断突显，从而提高本来普通的人做出不普通事情的能力，让员工的工作富有成效，让企业获得卓越绩效。

第九，成长型组织的职位体系设计重视愿景、目标与价值观。由于过去工作的非延续性、未来的不确定性，组织很难通过明确的任务、标准来确定一个职位，但是卓越的企业不会随遇而安、随波逐流，他们更加重视使命愿景和目标与价值观的建设，具体的任务是可变的，任务的标准也是动态的，但是使命、愿景、目标和价值观是灯塔、是准则，重视方向、目标与准则，而在具体的事情上，给予员工更多的自主权，鼓励员工持续超越昨天的自我，就如阿里巴巴没有固定的量化型目标，而是将“今天的最好的表现是明天的最低要求”明确列入了企业的核心价值观中。

第四节

平凡人干成非凡事——提升聚合力

领导者无法单枪匹马做成一件事情，个人英雄主义如果不能赢得追随者，发挥聚合作用，结局往往是凄美的悲剧。提升聚合力是领导者需要面对的重要挑战。企业规模越大，环境越复杂，挑战越大，企业就越需要聚合力。

所谓聚合力，就是建立真正的整体的能力，领导者需要主动或随机选择部分人组成一个整体，在这个整体中，他人与领导者不是追随与被追随、忠诚与被忠诚的关系，大家就像足球运动员而非乒乓单打运动员，大家聚合到一起，有着共同的目标、追求。同时，在追求这个共同目标的过程中，大家的人生更加有意义、有成就感。

聚合力无法用金钱、利益、关系获得。物质利益的交换，可以激发员工做出某些行为、贡献，但是不能形成真正的聚合力，当一方觉得这种交易不公平，或者有更好的获利机会的时候，彼此的“交易关系”就变得脆弱不堪。物质利益导向的“团队”是基于经济交换纽带形成的链接，更像一种商业交换行为，往往是不稳定的、易变的。

聚合力是超越物质利益本身的共同追求和目标，物质利益是这种共同追求与目标的附属品，同时也是实现这种追求的必要条件，但不是目的。这种共同追求和目标不会因为财富增加、追求享乐而淡化，也不会因为短期的物质贫穷、经济压力而轻易改变。有时候，人们并不需要金钱，但金钱是满足人们其他需要的条件，若将条件当成目的，一旦达到目的，其动力作用就会消失，而如果缺乏动力就会轻易更换方向。

提升聚合力是领导者的重要职责。每个人都有自己的优势和不足，通过团队的优势互补，彼此补短板、最大化激发各自的优势，就能形成“1+1＞2”的聚合力量。聚合力需要最小化团队成员之间的割裂、对抗与摩擦，需要更加默契的相互配合与共同成就。拥有聚合力的领导者，能够让一群平凡的人做成不平凡的事情，而缺乏聚合力的领导者，团队内部更多的是内耗、隔阂甚至相互踩踏。

提升聚合力需要注意内部竞争机制的设计，避免不良的内部竞争机制成为聚合力的“杀手”。其核心要点是将竞争建立在共同体的原则基础之上，也就是说，内部评估的焦点，不是成员个体之间的横向比较，而是对整体价值绩效贡献的比较，比较谁为团队整体绩效做出更大贡献，这种竞赛的“奖品”更多的是基于荣誉、精神、认可、赞赏、成就，而非分走队友的利益。提升聚合力必须慎用末位淘汰制，但并非绝对不可用，淘汰不仅仅是基于末位排名，还需要有更加清晰明确的原则标准，即淘汰这样的人对组织整体绩效增长有正向贡献，是必须和有益的，而非仅仅因为其排名靠后。

提升聚合力需要注意安全感与危机感的平衡。具有高聚合力的企业往往像一个大家庭，大家由一种超越经济交换的动力连接成为一个整体。但是，也要避免因此而出现怠惰、搭便车、不劳而获的思想和行为，因此要建立高度透明的、清晰的、基于整体的评估体系。实践中领导者经常容易陷入两种极端情况，一种是没有评估，另一种是只要评估就和金钱挂钩，这两个极端都难以保障企业走得更长远。要做到为结果付酬、为过程鼓掌，就要既评估结果，又评估过程与行为。

提升聚合力需要以领导者更多的“无我”，激发出员工更多的主人翁意识。人不可能完全放下自我意识，但建设自我，追求无我，往往最后真正能够成就自我。如果员工感觉自己只是领导者个人的工具、手段，感觉这个企业是“你的”，是“你们的”，是“他们的”，“我”只是个打工者，就不能产生真正的聚合力。真正的聚合力需要大家意识到企业是“我们共同的”，而非“你的”或“他的”。而要实现这一点，企业领导者就要真正从内心将这一条当成原则，而非仅嘴上说说而已。更有一种自欺欺人的做法，领导者一方面要求每个员工树立主人翁意识，另一方面把员工当成实现自己目的的手段与工具。事实上，一个无我的领导者，往往更加能够赢得员工的信赖和追随。但做到这些并不容易，企业领导者往往缺乏安全感，不相信员工会有真正的主人翁意识，从而陷入负面循环之中。

第五节

计划的本质——未来可预测吗?

企业领导者担负着帮助企业确定方向的责任，这种责任要求企业领导者预测未来，设定目标，并将目标分解为计划。制订计划是管理职能中非常重要的一部分。在环境稳定的情况下，这一点没有太大的争议，但是，当市场环境存在较大不确定性的时候，领导者必须更加深入地理解计划与预测未来。事实上，正是不确定的市场环境造成了优秀企业与失败企业的分水岭。在常规、稳定的市场环境下，一个希望保持稳健的企业，对领导者本身的要求并不高，只要求其做好常规管理工作就可以了。但做好常规管理工作可以通过他人去完成，而应对变化却需要领导者担负起责任。能够应对变化、在变化中不断跃升的组织领导者，还需要更深入地把握计划与预测未来的几个重要特性。

第一，对于企业领导者，未来是不可能被完全准确预测的。著名管理大师德鲁克曾经多次提出这一点。未来不可预测，不仅仅因为市场、技术、政治等环境中存在着偶然的突发事件，还取决于企业的特性。在企业中，要追求高额利润，企业家必须做出反常规的行为创新，而这种反常规的行为创新，通过常规预测完全无法做到，有时候，企业的重要战略决策还需要基于刻意不让对手提前预测到，等到对手发现苗头的时候，可能已经处于对手望尘莫及、难以追赶的阶段。

第二，与其预测，不如创造。成长型领导者不会将太多精力用在预测未来上。卓越的企业领导者将着眼点放在创造未来，而非预测未来上。他们不仅拥有高度的理性，更具有超常的自我效能感和自信心，他们相信自己不止停留在简单、被动地适应环境，而是能够主动创造出未来，他们关注可能的机会，并将这种可能转化为现实。从理性角度来看，很多这样的机会往往都是小概率的、具有很大难度的、充满风险挑战的，但企业领导者在这类问题上遵循的不是概率法则，或者更准确地说，他们关注的不是事件发生的概率大小，而是发生后的重大意义。换句话说，如果说普通职员关注的是能做成的事情，卓越的企业领导者关注的则是难而正确的事情，他们决策的主要考虑因素不是“难”，而是“正确”，他们愿意选择承担“正确的风险”。就像足球比赛，不可能预测某个时刻运动员出哪只脚，真正决定胜负的最重要的能力是真实场景下的应变能力，而非预测能力。

尽管人们都希望预测未来，保持自我的一种掌控感和安全感，但权威管理专家与管理实践却告诉我们，关于未来，我们只了解两点，一是未来不可知，二是未来不同于当前和过去，也不同于我们的预测。正因为未来不同于现在，而且是无法被预测的，所以才有可能让一些意外的、无法预测的事情发生。试图创造未来是有风险的，但这种行为是理性的。相比于认为一切都将不变并安逸地生活，相比于根据预测什么是“必然”或者“极有可能”发生的并据此行事，试图影响未来这种做法的风险更小一些。管理者所能做的就是努力去发现正确的风险，并且充分利用不确定性。努力创造未来的目的不是决定明天应该做什么事情，而是决定今天应该做什么事情才能拥有明天，总体打法、原理原则、比赛规则是可预测的。

第三，“目标刻在石头上，计划写在沙滩上”。在传统管理理论书籍中，计划是一种重要职能，但是计划是一种工具，其核心是实践、检验、修订的持续循环，也就是说，计划必然是一个动态过程，而非静态的、僵化的，就像你无法在格斗擂台上通过打一套固定套路的拳法来战胜对手一样，我们可以设计目标、战略、策略、战术，也可以制订计划，但计划必须是动态的。领导者还需要注意的一点是，计划与行动不是分离的，而是一个整体。管理理论中将计划作为单独职能分开研究，误导人们错误地将其作为一种独立职能，事实上，计划只是一套检验行动的预定策略，计划与行动在本质上是分不开的。

第四，原理原则、长期使命愿景是应对未知的武器。关于预测未来与计划，需要提醒的一点是区分可预测与不可预测。如果从东方文化角度来描述，原理原则、道、规律是可预测的，具体的术是不可被预测的。另外，长期的可预测性高于短期，一方面是因为短期意味着对精确性的要求更高，比如预测未来一个月会下雨相比于预测某个时间点会下雨，难度要小很多。另一方面是因为规律的作用往往具有周期性，时间周期越长，被周期性掩盖的长期趋势越容易显现出来。对于企业而言，长期使命、愿景是应对不可预测性的有力武器，这种使命和愿景本质上不是用来达成的，而是用来指引我们决策的内心的价值观尺度，即便其在客观结果上失败了，但是对于领导者来讲，其仍然具有重要的意义和价值，就像西方人很难理解的东方的舍生取义。

东方文化下，很多人相信因果律，因果律和科学精神中的因果关系不同，不是基于实践检验发掘规律，而是更多地基于一种价值信仰，比如善有善报、恶有恶报。关于这一点，笔者想表达的观点是，这种“信念”具有一定的精神意义、精神力量，但还需要注意，不能混淆事实判断和价值判断，事实判断需要严谨的科学精神、理性精神、实践精神，而价值信念本身并无对错，内心的和谐与冲突取决于一个人内心的自我感受、人格特质与环境的交互，不能用简单的、绝对化的、规律化的对错来加以判断。

对于预测，另外一个容易引起误解的是预测与发现。比如，物理学中的很多定律，本质是发现，而不是预测，即这种规律本身是客观存在的，但是过去没有被认识到，人们将其发掘出来，这本质上不是预测，而是发现。企业家精神需要具备发现的能力，如发现新机会、发现新需求、发现新技术等。

第六节

复杂的需求系统与目标系统

目标如此重要，但实际上目标管理能力却没有受到应有的重视。目标管理能力需要刻意训练，而非轻易就能掌握，目标系统比我们想象的要复杂。

首先，人的需求不是静态的、单一的，而是动态的、多样的。人的生理需求是基本需求，这些需求满足不了，人们的生存就会产生问题，比如对食物和水、氧气的需要等。而当这些基本需求被满足后，人们其他的需求就会凸显出来，比如对安全感的需求，人们不仅希望当下衣食无忧，还希望后续也不会忍饥挨饿；不仅希望当下有可以遮风挡雨的地方，还需要更加坚固耐用的房子，希望能够在遇到威胁时拥有更强的自我保护与防御能力。而当这些需求被满足后，人们还可能会渴望得到爱与尊重、被欣赏、被认可，拥有一定的社会地位，进一步又会希望生活得更加精彩和有意义，希望能够过更加与众不同的一生等等。人的需求不仅多样，而且有时候是彼此冲突的，当一个人的目标管理能力不够强的时候，就更容易出现问题。

其次，不同的人，在外在环境和条件相同的情况下，需求仍然会不同，有的人会更加在意内心的体验，有些人则希望有更好的人际关系；有些人喜欢发现和体验更多的美，有些人则喜欢探索更多的未知；有些人喜欢不同的体验，有些人则更加喜欢有规律和节奏的生活；有些人喜欢新奇与冒险，有些人则喜欢安定与平和；有些人喜欢畅想未来，有些人则喜欢专注当下。

第三，人的需求和目标不是孤立的，而是整个系统相互影响的。一个人的需求和目标，除了基本的生理需求外，大多数需求都具有社会化因素。老子崇尚小国寡民，鸡犬之声相闻、老死不相往来，但今天人与人更多地成为一个系统的整体，哪怕吃饭这样简单的需求，也会涉及农业、物流、烹饪、厨具等其他要素。古代容易实现的归隐山林，在每一寸国土都被作为资源加以管控的今天，如果没有一定的社会资源也是很难实现的。

第四，需求和目标是相互影响的。需求本身不是目标，但是和目标相互影响。我们选择的目标会影响我们的需求，而我们的需求又会影响我们选择的目标。目标往往有意识的因素介入，而有些需求并不需要意识介入。目标既有“自我”选择的，也有他人赋予的，而需求往往是“自我”的。为学日益、为道日损，目标管理能力的本质也是自我需求管理能力。

第五，人与人的目标往往是不一致的。优秀企业与平庸或失败企业的最大差别在于目标管理能力，人与人的目标往往不一致，而人与人本身又是相互联系的一个整体，目标管理能力既包含个人的目标管理，也包含组织的目标管理，组织的目标实现以个人目标为基础，但并非个人目标的简单加和，可能是“1+1=2”，可能是“1+1=0”，也可能是“1+1=-1”。

人与人，企业与企业，选择不同的目标，目标的重要性不同，目标设置的水平不同，目标带来的动力感不同，造成了千差万别的人生、形形色色的组织。

第七节

发奖金的陷阱——管理与激励的真谛

企业领导者的重点不是自己做出贡献，而是要让他人做出贡献。而要让他人做出贡献，就需要管理他人的行为。通常情况下，有两种手段可用，一种是利用人们害怕失去的心理，通过“惩罚性”手段和措施，以及一系列严格的规章制度、考核体系、工作纪律等来约束他们的行为，即类似于大棒政策。另外一种是利用人们渴望得到的心理，通过一些激励奖励措施去引导他们的行为，比如涨薪、奖励政策等。这两种手段被广泛使用。

领导者必须清楚的现实是，随着经济条件的改善，人们物质生活水平的提高和经济发展，“胡萝卜加大棒”的政策对新一代年轻人不再有效。尽管大棒政策让员工感到畏惧，但无法激励人们采取行动，反而会让人失去行动的欲望，更多带来的可能是对抗，而非行为的改善。

与大棒政策不同，“胡萝卜”仍然发挥作用，但是领导者需要注意的是“胡萝卜”的负面作用。过多使用“胡萝卜”，会使人们对经济奖励的期待水平不断提高，让“胡萝卜”渐渐丧失激励效果。以奖励政策为例，一开始的时候人们会因为奖励而产生动力，但是如果后续要达到与之前一样的激励效果，企业必须不断提高奖励的金额 ，当奖励必须增加足够高才能达到激励效果的时候，使用物质激励往往会适得其反。

应对这样的情况，企业领导者必须尽量淡化物质奖励的作用，不再把它当成“胡萝卜”。要找到某种途径，把对增加经济奖励的持续关注，与生产力和利润率联系起来，而且领导者需要具备这样的信念和主张：大多数人都是真心想有所成就的。将员工的关注点引导到有所成就上至关重要。稻盛和夫创造的阿米巴经营模式就是一种很好的案例，在这种模式下，高度重视透明与核算，企业高度重视对个体对整体贡献的评估与反馈，但是不将核算结果直接与奖励挂钩，不给结果优秀的人过高奖励，也不给结果较差的人轻易降低收入，就像一支球队，他们享受比赛的乐趣，渴望赢得比赛，渴望进球，但并非为了得到奖金。

想达到这种局面，以下几种策略有借鉴意义。

- 给员工提供成长的机会。
- 将公司作为员工有所成就的舞台。
- 及时、清晰、明确地给予反馈。
- 将员工价值观建设作为领导者的重要职责。
- 鼓励团队挑战高目标。
- 让员工有自主感和掌控感。

第八节

关于企业中“人”的真谛

如果领导者不能正确认识到企业中的“人”的问题，就难以驾驭员工规模增长的企业。结合企业领导者实践中经常出现的问题，我们对企业中“人”的真谛提出几点看法。

第一，人不是成本，而是资源。将人看作资源，意味着领导者的职责是开发他们身上蕴含的潜力和价值，而不是最小化地控制在他们身上的消耗。如果一种投入是没有价值的，再小的投入都是应该被砍掉的，如果投入的回报超过平均水平，再大的投入都需要加以支持。实践中，我们经常受到人力成本过高的冲击和影响，其背后的本质问题，不是人力成本过高，而是人的价值潜力没有得有效开发，甚至是我们将其用在了错的岗位，我们的机制或领导习惯束缚住了他们潜力的发挥，我们的结构使得他们没有形成互补而是彼此消耗，或者我们的文化没有激发出他们愿意真心付出的热忱。如果我们看错了问题的本质，将注意力集中在裁人、降薪上，而忽略了背后的根本性问题，结果往往是走向衰落、灭亡，这样控制成本，往往只是延缓死亡，而不能焕发新生，引用毛泽东的一句话，“存人失地，人地皆存；存地失人，人地皆失”，要聚焦于发挥人的价值潜力，而非控制在他们身上的投入。

第二，大多数人都是普通人。这是一个毋庸置疑的事实。人的分布也类似于正态分布，对于大多数企业，我们不可能拥有整体最优秀的那些人才。优秀行为往往受到个人、环境、时机、平台、团队协作的共同影响。这个事实背后蕴含着三个经常被忽略的基本原理，一是领导者的核心任务是准确识别和激发员工的优势，而不是发现他们的短板和问题，重点是他们能做什么而非他们不能做什么。二是领导者通过岗位与组织结构，让正确的人从事正确的岗位，实现普通人的优势互补，相互补齐短板，包括通过岗位设计让人的特长、个性与岗位的关键要求相匹配。三是领导者用无形的精神上的投入，通过培养员工的团结、担当、敬业精神，来最大化激发出他们蕴藏的潜力。但是实践中，领导者往往会忽略“大多数人都是普通人”这个基本的事实，他们经常将事情做不好的原因归结为没有优秀的人才，他们羡慕那些拥有一流人才的成功优秀公司，渴望寻找到这样的人才，其实际结果往往是失望而归。

第三，选择勤奋有责任心的或聪明的人，而非自己喜欢的人。选对人很关键，但是人们经常低估了选错人的成本，并且不能从选错人中汲取经验教训。如何选对人是个复杂的问题，很多时候，人们会觉得员工不行，但是没有从当时招聘这个人的经历中得到有价值的教训，他们可能会承认自己当时看错了人，但是不会意识到自己当时放弃了可能更合适的人。在招聘的过程中，“喜好”往往决定了雇佣筛选的结果，这是一个比较大的陷阱。有两个帮助降低招聘失误概率的原理，第一个是优先选择学历高的人。学历不是决定绩效贡献的唯一因素，但当其他条件类似时，优先选择学历高的人，而不是让自己感觉舒服的、自己喜欢的人。第二个是，当其他因素类似的时候，优先选择勤奋的、有责任心的人。人们通常喜欢外向的、随和的、情绪稳定的、爱学习的人，但实证研究表明，唯一能够相对可靠地预测一个人的未来绩效的，只有责任心和勤奋这个性格。不能依靠个人喜好选人，但是如果您的企业是一个有着成熟的良好文化的企业，就可以选择与组织文化相匹配的人。

第四，不是“你”“我”“他”，而是“我们”。

持续成长型的企业领导者，心里有一种“整体感”，他们不是将员工看成与自己分裂的甚至对立的个体，而是将员工看成整个企业的一分子。他们重视与员工的沟通、连接，不仅仅关心工作、任务，也关心员工本身；不仅关心人的行为，也关注他们内心的信念、价值观；不仅关心他们当前能够做什么，也关心他们未来的成长。这种关心，背后体现的是更加严格和高标准的要求，这种要求不是基于自己的高高在上的权威地位，而是基于“企业是一个整体”的大我思维，一个共同创造未来的整体。同时，为了维护这个“整体”的活力与效力，他们也会设置淘汰的标准并严格执行，以避免成为一个“大却没有生命力”的整体。基于大我思维，他们将整体利益置于个人利益包括领导者自己的个人利益之上，以确保整体利益的长期最大化，维护每个真正属于这个集体的个体的共同未来与希望。他们像是一个家长，是一个勇于担当的、严格而有爱、威严而民主的称职的家长，而不是高高在上、脱离群众的家长，也不是放任员工没有规矩的家长。

第五，管好领导者“该管”的事情。这也是一个基本常识，但实践中经常被违背。企业领导者往往对于什么是该管的事情缺乏认知，管了不该管的，该管的又没有管好。企业领导者该管的事情有三种，第一种是组织设计中明确领导者应该承担责任和行使权力的；第二种是组织中不明确，领导者凭着自己感觉喜好或认知做的；第三种是组织中正式的权责体系里没有明确，但领导者需要担负责任且无法授权他人的事情，如果不管或管不好，企业就会停止成长甚至陷入危机。第一种事情属于组织结构与权责体系设计及其执行的问题，设计不合理或执行不到位的情况比较普遍，这里先不深入分析。领导者该管却经常没有管好的事情，包括宣传愿景、明确方向、对趋势改变的判断、树立企业文化与企业的核心价值观与信念体系、激励人心、培养接班人等。领导者不该管却经常管的事情，一类是扰乱权责体系和组织运行的越权、越级插手干预，根据自己的喜好行使别人拥有的决策权、对本应靠原则或制度解决的事情变为个人决策、根据个人喜好干预别人与工作绩效无关的私人行为等。

第六，重视“信任”而非“权力”。相对于旧工业时代，专业性工作、知识性工作的绩效标准和贡献大多是模糊的，这类工作对创新和创造力提出更高的要求，而非简单地按部就班地执行，同时，人们大多超越了基本的生理需求的满足而更多地关注自我的存在感、意义感与价值感。领导者本身能否成为真正的领导，其关键已经不再是权力，而是信任，不管领导者做什么，如果追随者不响应，领导者注定会失败。如果只使用权力，包括奖惩、任免等，可以赢得服从，但这种服从往往是基于“交换的”服从，而非追随的服从，追随者的内心可能是对立、抵抗、逆反的、充满破坏性的，在某个时机追随者可能直接采取用脚投票的方式。在充满不确定性的环境下，人们更多依赖个人关系来指导行动，这些关系的质量很大程度上取决于信任水平。要赢得信任还需要有足够的勇气，因为要赢得信任需要公开很多东西，需要维护公平，需要说真话，需要为自己的承诺负责。

第九节

成长型组织的绩效评估

绩效管理是企业实践中人们普遍比较关注的问题，当前的管理学研究大多围绕绩效管理的方法、技术展开，但是这些方法和技术如果使用不当，就会适得其反，就像当年索尼的一位高管所言，“绩效主义毁了索尼”。各种方法、工具到处都可以找到，找方法和工具不是实践者的主要困难，主要问题往往出在领导者对绩效管理的基本认知上。

成长型组织以管理哲学为基础的绩效评估，基于三个关键步骤和环节，即目标的预期与期望、过程中的反馈与辅导、员工的开发与发展，组织将三者形成一个循环往复的闭环，有以下几个经常被忽视的要点。

第一，绩效评估应面向未来成长，以人的发展与开发为目的，而非仅侧重于对过去的考核。实践中，很多企业的绩效考核主要是对过去的总结评价，以作为绩效工资发放、奖金分配、奖惩任免的依据，焦点在过去，而成长型组织的绩效评估的焦点是未来，其核心是让员工在未来有更好的绩效表现。

第二，对人的绩效评估，侧重于优势，而非问题和不足。成长型组织绩效评估的核心是对员工优势的进一步发掘，以更好地发挥员工在未来推动组织发展与未来关键目标达成方面的作用。成长型组织的绩效评估也会注意员工的短板和问题，但分析员工的短板和问题的目的是识别那些可能影响员工发挥优势和做出贡献的关键点，以在后续的团队配置、工作设计中让员工更好地发挥优势。

第三，绩效评估侧重的是机会，而不是问题。成长型组织基于组织的使命、愿景，关注明天的机会。当然，他们并非不关注问题，而是基于未来的机会去评估问题是不是真正的问题、问题的影响。

第四，对优势的评估应基于任务、目标、事实，而非主观感觉。在对优势进行评估时，人们通常以人为对象，但现实情况是，人没有绝对的优势和长处，所谓长处和优势是就某类事项或任务而言的，因此，对人的优势和长处的评估不是一个笼统的、宽泛的一次性概念，而应在一系列与组织目标相关的任务实践中，通过对比组织对员工的预期与员工实际展现出来的强项和亮点来评估员工的长处和优势，而非脱离具体任务、脱离实际表现来进行评估。这种评估能够更加准确、客观地发现之前忽视的优势，也会发现之前的评估中可能判断错误的地方。

第五，分析行为，而非考核结果或考核知识。传统的管理学往往将绩效考核内容分为素质、能力、结果、行为等，并告诉我们每种方法的缺点和优点。事实上，真正基于发掘未来长处和优势的绩效评估内容只有一种，就是行为。以结果替代行为，简单、便捷，但是结果往往受多种因素的影响，是受个人行为的影响，还是受环境、机遇、伙伴、团队、领导的影响？如果个人行为不是主要影响因素，结果往往就容易引起误导，导致在环境好的时候高估人的绩效表现，而在大环境差的时候对人的评估过低。绩效评估侧重的是实际的表现和运用，不能运用和做出贡献的知识技能是没有用的。这并非说不需要考核知识技能，但考核知识技能和绩效评估本质上是两码事，在人力实践中二者相互补充但不能相互替代。

第六，评估以预期和期望为起点。评估应以有效的预期和期望为起点，很多企业在绩效管理实践中，往往忽视预期和期望沟通这一环节的重要性，有些企业简单粗暴地采取下任务、下指标的方式，好一些的企业会就任务和指标上进行一些双向的沟通。有效的期望和预期，基于上下级的沟通，明确引导员工制定要达成的目标，力争实现“这是我的期望而非上级的期望”这一目标，即期望和预期应该是在充分尊重和激发下属的基础上，相信他们内心具有挑战优秀的潜在渴望。

更进一步的做法，成长型组织可以不使用绩效评估这样的概念，而是采用绩效反馈。绩效评估往往意味着彼此之间是评估与被评估的关系，意味着一种对立的关系，不利于真正形成合力，甚至会破坏评估者与被评估者共同承担着共同目标责任这一事实的认知。而绩效反馈则更容易形成一种助力的关系，反馈意味着有人能够帮助我们突破个人盲区和局限性的障碍，帮助我们更深入、准确地看清事实真相，营造彼此是一体的关系氛围。

第十节

薪酬的本质与薪酬体系设计要点

企业经营离不开员工，而聘用员工就涉及薪酬问题，以薪酬为主的人工成本是企业成本的重要组成部分。随着知识型人才、技术型人才的普及，以及劳动法规体系的改革，人工成本问题越来越成为企业经营中的一个重要问题。

专业的人力资源管理机构和书籍提供了一些薪酬设计的专业技术方法，这些方法在实践中起到了一定作用，让企业有了一套规矩、办法去确定人的薪酬，但比起那些不使用这些工具方法，重点靠经验、数据、谈判来确定薪酬的企业，这些使用工具方法的企业在人的产出推动、成本控制等方面并没有显著的突出表现。

薪酬问题本质上不是一个理论问题，而是一个与企业经营实践策略制订有重要关系的现实性问题。关于薪酬的解释，容易误导实践的底层认知，主要包括以下几个方面。

从经济学角度来说，薪酬是企业购买劳动者劳动力使用权所支付的价格。经济学角度的解释是基于经济人假设，往往忽略了人的内在复杂需求与复杂的目标系统，简单地将员工理解为劳动力使用权的出卖者，将薪酬理解为购买劳动力使用权所支付的价格。很多企业在早期创业阶段薪水很低，但仍然会吸引很多奋斗者加入，有些企业支付很高的薪水，但是高薪聘请的人才经常偏离企业的预期。实践中，很多企业有许多忠诚度很高的老员工，他们知道自己的薪水低于外部市场，低于后来招聘的新人，虽然也会表达不满，但是仍然不会离开，这并非因为他们在外部没有获得更高薪酬的机会，而是在当前的企业中，还有很多其他非经济性的补偿，包括安全感、归属感、工作与生活的平衡、长期历经风雨中形成的像战友一样的同事感情、特殊时期领导和同事对自己的照顾和关爱等。

将薪酬看作成本，也是实践中一种相当普遍的看法。将薪酬看作成本，往往导致企业希望以更低的工资获得更多的产出、招聘到相对更高水平的人才，在企业经营困难的时候，通过减员、降薪等方式进行成本控制。薪酬的确是一种成本，但是理解以及评估这种成本，必须从劳动者的价值和产出角度进行对比分析，简单将其看作成本，往往忽略了产出角度，企业降低薪酬成本的结果，在导致人工成本减少的同时，也导致后续产出更大幅度下降，从而使产出和成本的比例变得更低。

薪酬在本质上体现了社会化补偿与奖赏，这种补偿与奖赏不是仅包括工资薪酬，而是包括经济性奖赏与非经济性奖赏，是企业塑造人的行为的重要手段。

从员工角度来看，薪酬就是个人将自己工作时间内的行为与目标选择权让渡给企业所获得的补偿。员工选择一家企业，按照这家企业的目标要求去安排自己的行为，放弃了自己可以选择的其他目标、其他行为，其获得的补偿就是薪酬，这种补偿包括工资、成就感、归属感、家庭与生活的平衡、个人的成长与发展等，工资只是其中的一部分。工资水平是影响员工岗位选择非常重要的一个因素，但是员工离开一家企业，往往是因为成就、认可、尊重、关系、成就感、个人特长优势难以发挥等很多非工资因素。全面理解薪酬的本质，才能理解有些企业工资不高但能够留住人，有些企业工资很高但员工忠诚度和敬业度不高的原因。

从企业角度来看，薪酬就是企业给员工做出达成企业目标所需要的行为的补偿，工资是最主要的手段，但是企业难以支付高工资的时候，非经济性补偿也具有非常大的人才保留作用，而一些特别的企业使命、愿景、文化，对于特定人才的吸引力不亚于薪酬本身的吸引力。当企业处境艰难时，非经济性补偿对吸引保留人才的意义就更加重要，信念、使命、事业共同体的感觉往往比薪酬更能激发员工内在的动力。

理解了薪酬的本质，企业在实践中还需要注意以下几个问题。

首先是要对组织目标、所需要的员工行为进行深入分析。薪酬的本质是塑造人的行为的社会化奖赏与补偿手段，如果企业自身对目标、要达成目标所需要的员工行为缺乏分析判断，就容易出现用错人的情况，很多企业“呼啦啦”招进一大堆人，不久又“呼啦啦”裁掉一大批人，往往是对目标、需要什么样的人的行为没有进行深入分析或者分析判断出了问题。

薪酬的本质决定了其应该是基于行为的。薪酬设计有基于岗位的、有基于能力的，有基于结果的，但薪酬的本质决定了其必须是基于行为的。基于岗位、能力、结果的薪酬体系，其有效性都取决于岗位、能力、结果背后做出贡献所需的行为的呈现。员工要做出贡献，只能通过其行为，岗位、能力本身都不是贡献，而是贡献的手段，而结果是否是贡献，则取决于员工的行为和结果的关系，好的结果如果是员工行为带来的，这种结果就是贡献。

基于岗位的薪酬体系，本质上是假定岗位的行为设计是明确的、有效的，岗位的职责能够被有效履行；基于能力的薪酬体系，假定能力是能够应用到行为中的；基于结果的薪酬体系，假定结果是员工行为所带来的。

关于薪酬，还有一个重要提示：金钱可以减少不满意，但是买不来责任感，如果只重视金钱，而忽略了责任感的培养和其他非经济性激励因素，多数情况下，伴随着其带来的副作用，员工对工资的不满会变成负面的工作诱因，削弱自身对绩效的责任感。只有当员工出于其他动机而愿意承担责任的时候，金钱才能发挥激励作用，当员工有意愿追求更高绩效的时候，发奖金才能导致更高的产出，反之则会有破坏力。

薪酬的本质，决定了企业需要综合考虑对员工的付出与行为进行补偿与奖赏。薪酬不是一个数字那么简单，也不取决于绝对水平，而是取决于其在工作中带给员工的补偿满足感。这种补偿满足感，往往是一种综合感受，并具有很强的个人主观性。如果我们对于近年来发展非常迅速的各种志愿者组织加以深入分析，就更容易理解上述观点。